都立の逆襲

――進化を遂げる東京都立高校

鵜飼　清

社会評論社

まえがき

「都立はどうなってるんだろう」

大学を卒業して社会に出てから、ときどき思ってきました。新聞などの報道からはあまり評判のよくない事柄が目に飛び込んでもきました。不思議に思っていたものの、それ以上調べることもなく過ぎていきました。

私は１９６７（昭和42）年に、全寮制　都立秋川高等学校に入学しました。私たちが学校群制度一期生でした。都立立川高等学校で英・数・国３教科の試験を受けて、秋川高校には三期生として入学したのです。寮生活ではたくさんのことを学びました。そして私には全寮制の「都立秋川高校」が、青春の大いなる遺産となりました。

今年２００７年は、「２００７年問題」が騒がれました。団塊の世代（１９４７～１９４９年生まれ）の人たちが退職を始めるので、雇用状態や経済状態に影響が出ることが予想されたからです。この世代は戦後のベビーブームに生まれているので、人口が極端に多いのが特徴です。戦後の復興により、高等学校が整備されて、１９６０年ごろには高校受験率が60％に達するようになっていました。

こうした団塊の世代は、私たちより少し上のお兄さんやお姉さんたちです。このころの都立高校は、進学校として有名でした。日比谷高校を筆頭にして、西、戸山など東大への合格者が１００～２００名ほどもいました。「番町―麹町―日比谷―東大」がエリートコースのシンボルでした。その時代を知っていたのですから、「都立はどうなっているのか」という疑問が沸いてくるのです。

２００１（平成13）年、秋川高校は36年の歴史に幕を降ろしました。母校がなくなって、周りを見ると、都立高校が変わり始めているのに気づきました。ユニークな学校や進学へ力を入れる学校が出てきているということが分かってきました。

そこで、都立高校がどうなっているのかを少し調べてみようと思いました。本書は、そうしたいままで抱いてきた自らの疑問に答えるかたちでつくられました。

第１部では、２０００年以降の都立高校再生の動きに注目しています。どのような新しい学校が生まれているのか、進学重視をした学校はどの学校なのか。そうした事例を挙げつつ、特に進学指導重点校に絞ってデータによる分析を試みました。

第2部は、２００6年から２００7年にかけて直接学校へお訪ねし、校長先生にインタビューをしてお話をうかがったものです。

都立高校の教育現場が目指している改革の中身と、これからの展望を校長先生の声からお聞き取りください。

目次

第1部　都立高校の改革と展望

Ⅰ章　都立高校の改革と進学指導重点校の現在

子どもの数が少なくなり多様化がすすむ

教育制度の変革につれて、都立高校は、学校の中身も入試の仕組みも、大きく変化してきました。都立高校の変化は、私立高校や国立《こくりつ》高校の入試にも影響を与えてきたのです。そして、いま都立高校は、大規模な改革をすすめています。では、なぜ改革が必要となったのでしょうか。改革によって、どんな点が変わり、受験生はどう対応しているのでしょうか。

この章では、最新のデータから、都立高校の現在を浮き彫りにしていきます。

都立高校の「改革」は、いまから10年ほど前に始まりました。そのきっかけは、子どもの数が少なくなり、高校が余るようになったことです。

１９８６（昭和61）年からの15年間に、都内の公立中学校3年生の数は、約15万６０００人から7万９０００人に半減しています。その間、高校の数はほとんど変わりませんでした。そのままにしておけば、１校あたりの生徒数がどんどん減って、学校の活力が失われてしまいます。

さらに、そのころの都立高校には、多くの課題がありました。たとえば、大学への進学実績がよくなかったことがあげられます。また、高校を途中で辞める生徒が多かったことや、入試では学区にしばられ、自由に学校を選べなかったことなどがあげられます。

こうした課題は、じつは、世の中の大きな変化のなかから生まれてきたものでした。

ほとんどの中学生が高校に進学するようになり、同じ高校生でも、能力や適性、学ぶ目的などにちがいがめだつようになりました。生徒の希望する進路もさまざまになりました。

一人ひとりの求める品物やサービスが多様化するにつれて、学校にもいろいろな注文が寄せられるようになりました。しかし、都立高校には、そうした注文に合った高校がありませんでした。

たとえば、中学校でやむをえず不登校になった生徒のなかには、高校で学び直しをしたいと思う人が大勢います。しかし、その人たちが安心して進学できる高校もありませんでした。

仮にそのような高校があったとしても、中学校で不登校だった生徒は、内申点が低いため、一般の入試では不利になるケースが多く、希望の学校に進学することは困難でした。

「チャレンジスクール」は、こうした生徒のための高校として、改革が始まると、真っ先につくられました。

チャレンジスクールの受検には内申書が不要で、学力検査もありません。志願理由を記した書類を提出して、作文と面接を受けるだけという簡単な入試に変わりました。

生徒は、午前部・午後部・夜間部のなかから時間帯を選んで通学します。一人ひとりが、アート・デザイン、保育・ケアサービスなど、系列と呼ばれるいろいろな分野の学習メニューに沿って、自分のペースで勉強していきます。

先生がたは、全員が不登校生に対する指導法の専門的なトレーニングを受けています。ほかに、生徒の相談に応えるカウンセラーも待機しています。

２００７（平成19）年までに、計画された5校（桐ヶ丘、世田谷泉、大江戸、六本木、稔ヶ丘《みのり》）と、ひとつのチャレンジクラス（八王子拓真《たくしん》）が開校しました。チャレンジスクールは毎年志望者が多く、高倍率が続いています。

約3分の1の高校を改編し新タイプの学校49校を設置

都の「改革推進計画」では、それまであった高校の3分の1近い約70校を改編（統廃合＝

いくつかの学校を閉校にして、ひとつにまとめること）して、前述のチャレンジスクールのほか、総合学科や単位制、中高一貫校など、新しいタイプの学校を49校につくり変えることが決まっています。

このうち、２００７（平成19）年までにその約４分の３にあたる36校が開校しています。計画が完成する２０１１（平成23）年度には、都立の全日制高校がトータルで改編初年度より約30校減少する予定です。

これまでにどのような学校が開校したか、次に紹介しましょう。

総合学科高校は、普通科と専門学科をつなぐ新しい学科の高校として、１９９５（平成７）年から国が認可を始めました。都立高校では１９９６（平成８）年度開校の晴海総合高校が第１号です。

総合学科では、国語・数学・英語などのほかに、商業科や工業科で学ぶ簿記などの専門科目や、「香りの化学」「映像メディア表現」「フードデザイン」などといったユニークな科目のなかから、自分に必要な授業を選んで受講できます。

このほかに「産業社会と人間」という、「自分探し」や「世の中調べ」を行う授業もあります。また、キャリアカウンセラーと呼ばれる専門の先生が、進路選びに必要な情報を伝えたり、相談に乗ってくれたりします。

【東京都立高校改革推進計画・系統図】

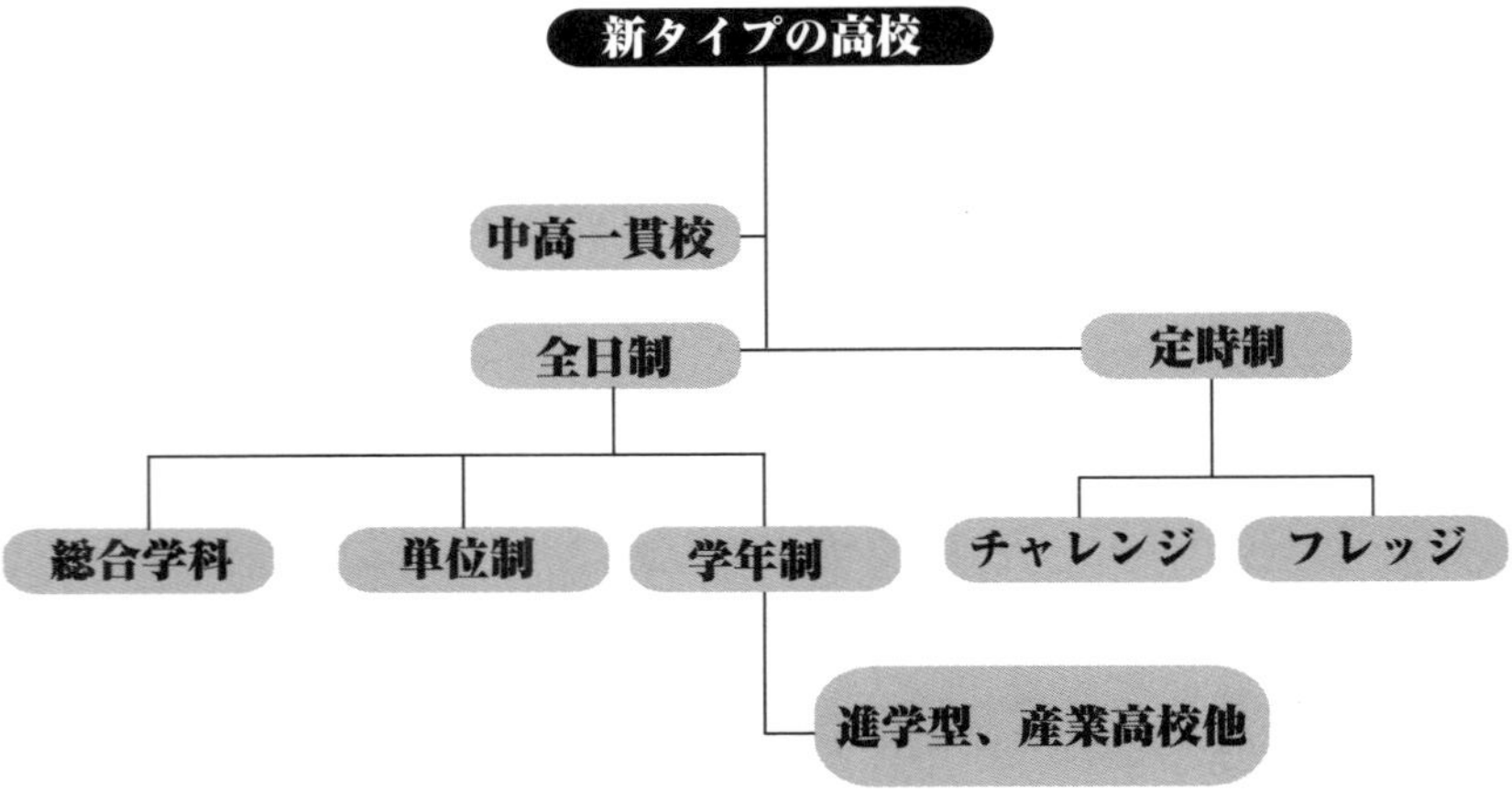

一人ひとりがじゅうぶんに時間をかけ、考えを深めたうえで進路を選ぶため、粘り強く勉強する生徒が多く、大学進学実績も伸びています。

計画では旧学区ごとに1校、合計10校の総合学科高校ができる予定で、2007(平成19)年までに7校(晴海のほか、つばさ、杉並、若葉、青梅、葛飾、東久留米)が開校しています。

「単位制高校」は、将来看護師になりたい、あるいは美術系の大学に進学したいといった希望の進路が比較的はっきりしている人が多く進学する高校です。卒業後の進路への準備を効率的に進められるように、生徒が自分で時間割をつくります。

たとえば、資格に必要な内容を授業で勉強したり、学校外の実習などを単位として認めてもらったり、大学受験の準備に役立つ進学向けの授業を選んで受けたりすることができます。つまり、これまで普通科では実現しなかった「自分だけの時間割づくり」ができるようになりました。計画された8校（飛鳥、芦花、上水、美原、大泉桜、翔陽、忍岡、板橋有徳）すべてが、２００７（平成19）年までに開校しています。

進学重視型単位制高校と呼ばれる墨田川・国分寺・新宿の3校では、習熟度別授業を進めるために、他校より多くの先生を配置し、少人数授業のためのゼミ教室を持つ別校舎を建設するなど、校舎を全面的に建てかえたりもしています。

進学実績も向上しているため、志望者が増えています。２００７（平成19）年入試のための調査では、3校合計で１５００名以上の志望者が集まりました。

商業科・工業科などの専門学科から大学進学をめざす生徒のための学校が、進学型専門と呼ばれる高校です。工業系の科学技術高校と商業系の千早高校が開校しています。今後、各系1校ずつ、計2校が開校する予定です。

産業高校は、ものづくりをつうじて、生産・流通・消費の関連性を学ぶ高校です。技術と経営感覚を兼ね備えた人材の育成が目標です。橘《たちばな》、八王子桑志《そうし》の2校が２００７（平成19）年に開校しています。

新しいタイプの学校の生徒は、プレゼンテーション能力（図や表などを使ってじょうずに説明する力）が高く、ＡＯ入試や推薦制度のある大学へ進学する生徒が増えています。

【表1】都立高校改革推進計画による新しいタイプの都立高校49校

定時制他 (チャレンジ、フレッジ)	中高一貫校
(C) 桐ヶ丘	
(C) 世田谷泉	
(C) 大江戸	
(C) 六本木、(F) 一橋	白鴎
(F) 浅草	小石川、両国、桜修館
(C) 稔ヶ丘、(F) 荻窪、 (F) 八王子拓真 (+Cクラス)	
	武蔵、北多摩
	富士、大泉、南多摩、三鷹
(新宿山吹型) 1、(C) 5+1、 (F) 4 計10校	中等教育学校 (下線付) 5、併設型5 計10校

(C)…チャレンジスクール
(F)…フレッジスクール＝昼夜間定時制

開校年度	総合学科	単位制 （進学型他）	学年制 （進学型専門、産業他）	
～99年	晴海（96年）	飛鳥（96年）		
2000年		（進学型）墨田川		
2001年			（進学型専門）科学技術	
2002年	つばさ	（進学型）国分寺		
2003年		（進学型）新宿、芦花		
2004年	杉並	上水、（工）六郷工科	（進学型専門）千早	
2005年	若葉	美原、大泉桜、翔陽		
2006年	青梅	忍岡	（工）総合工科	
2007年	葛飾 東久留米	板橋有徳	橘、八王子桑志	
2008年	世田谷			
2009年			（進学型専門）大田商業	
2010年	町田		（進学型専門）小金井科学技術、（芸）総合芸術	
2011年	北			
合計 49校	計10校	普通科11（うち進学型3）、工業科1 計12校	（進学型専門）4、産業科2、工業科1、芸術科1 計8校	

【表2】都立の中高一貫校

開校	校名 （　）内は現校名	旧制中学・女学校名 （　）内は新制	タイプ	自校作成実施
2005年	白鴎	府立第一高女	併設型	04年から
2006年	小石川	府立第五中	中等教育学校	（高校募集なし）
	両国	府立第三中	併設型	05年から
	桜修館	（都立大附）府立高	中等教育学校	（高校募集なし）
2008年	国際中等	（北多摩）市立立川	中等教育学校	（高校募集なし）
	（武蔵）	府立第十三高女	併設型	07年から
2010年	（富士）	府立第五高女	併設型	09年から
	（大泉）	府立第二十中	併設型	09年から
	（南多摩）	府立第四高女	中等教育学校	（高校募集なし）
	（三鷹）	（都立三鷹）町立三鷹	中等教育学校	（高校募集なし）

フレッジ（雛《ひな》を育てるの意味）は昼夜間定時制と呼ばれる学校です。チャレンジスクールと同じ、朝・昼・夜間の3部制で、3年間で卒業することもできる定時制高校です。2007（平成19）年までに、一橋、浅草、荻窪、八王子拓真の4校が開校しています。

新しいタイプの学校には地域からの期待も大きく、開校当初は多くの応募者が集まりました。しかし、最近ではそうした学校がいくつもできたことで、人気も学校ごとに分散しつつあるようです。

また、旧学区の普通科の高校の改善が進み、受検生が旧学区に戻る動きも見えています。

新しいタイプの学校は、一人ひとりのちがいを受け入れ、さまざまな注文に応えることができるようにつくられました。そのため、生徒が自分で考えて選択する場面が多く、その結果も、一人ひとりが引き受けなければなりません。生徒たちは、「自由」が大きいぶんだけ「責任」も重いことをあらかじめ心得ておく必要があります。

高校入試にも影響を与える中高一貫校の開校

都の「計画」では、これらの学校のほかに10校の中高一貫校が開校することになっています。中高一貫校には、高校からの募集を行わない「中等教育学校」と、高校でも募集を行う「併設型」のふたとおりがあり、都では、それぞれ5校ずつ設置する予定です。

小石川や両国など、旧制時代に名門と呼ばれた多くの高校が中高一貫校になったため、進学校として出揃う形になりました**【表2】**。

このほか、歴史のある学校としては、千代田区に移管された九段（旧東京市立一中）が千代田区立の「中等教育学校」として、2006（平成18）年に開校しています。

都内の公立中高一貫校は、120～160名の募集に対して、いずれも1000人前後の応募者を集め、人気が沸騰しています。

「併設型」の中高一貫校は中学募集が中心で、高校入試には無関係のようですが、注意したいことがふたつあります。

一貫校となった高校では、中学募集が始まると、高校募集を停止したり、募集人数を減らしたりします。その影響で、これまでその高校を受けていた受検者層が、他の進学校に移動して倍率を押し上げる現象が起きています。

２００６（平成18）年には小石川が8学級募集から4学級募集になったことで、１６０名もの募集減が行われ、日比谷や戸山などの倍率を押し上げ、２００７（平成19）年には、九段が7学級、２８０名の募集を停止した影響で、墨田川、三田など他の上位校の倍率が急に高くなっています。

２００８（平成20）年には、多摩地域に武蔵（併設型）、北多摩（国際中等教育学校）の2校が、２０１０（平成22）年にはさらに4校（大泉、富士、南多摩、三鷹）が開校する予定です。募集定員の変動で、近くの高校の倍率が跳ね上がる可能性もあることでしょう。

また、「併設型」の中高一貫校では、高校募集のときに自校作成問題を出題することが決まっています。すでに導入済みの白鴎、両国、武蔵の実施時期（中学開校より1年前の高校入試）から考えて、２０１０（平成22）年開校の富士、大泉は２００９（平成21）年の高校入試（現中2生の入試時期）から自校作成問題に変わりそうです。

それらの学校を志望する生徒は自校作成問題に取り組む準備が必要です。受検生の動きとして、過去の例では、自校作成問題を出す高校を避け、共通問題の高校へシフトする流れがみられました。近隣では、旧学区3番手校や4番手校まで、倍率が高くなる恐れがあります。

「進学指導」を看板に掲げる高校が登場

新しいタイプの学校をつくるときには、いままであった学校を閉校にして、すっかり新しい学校としてスタートします。家でたとえるならすべてを建てかえることになります。これに対し、家の形はそのままにして、内部をリフォームしたのが進学指導重点校です。

1967（昭和42）年の学校群制度導入以来、都立高校の大学進学実績は長期にわたり低落を続けていました。1966（昭和41）年には都立高校全体で350名いた東大合格者が、2000（平成12）年にはわずか56名になっています。国公立大学や上位私立大学への合格者数も減っていました。

2001（平成13）年秋、都は日比谷、戸山、西、八王子東の4校を進学指導重点校に指定しました。当時の都教育長は「進学実績の顕著な向上をめざすため、指導力のある教員の重点的な配置など、必要な支援を早急に実施する」と議会での質問に答えています。

都立高校が大学受験の準備のためにことさら配慮した教育を行うことは、それまではタブーとされていました。

40年ほど前に出された「過度の受験教育をやめよう」という通達が生きていたからです。都教育長の答弁は、そうした考えを一新する画期的なひと言でした。

2002（平成14）年の入試では、進学指導重点校に指定された4校に多くの受検生が集まりました。その3年後、2005（平成17）年には、日比谷からの東大合格者は14名と、前年の3名から5倍近い伸びを見せました。東工大、一橋大、京大を加えた難関国立大学の現役合格者数は、進学指導重点校4校で48名となり、前年の28名から20名も増加しました。

都では、2002（平成14）年に青山、立川、国立《くにたち》の3校を進学指導重点準備校に指定し、2003（平成15）年、先行して指定された4校に次いで、この3校を正式に進学指導重点校として位置づけました。

それ以後、進学指導重点校に入学した生徒が、どのような成果を残しているか、詳しく見てみましょう。

大きく伸びた合格実績と高まる現役合格の割合

２００１（平成13）年に進学指導重点校の指定を受けた日比谷、戸山、西、八王子東の４校は、２００２（平成14）年の入学生から進学指導重点校としての学年がスタートしました。この学年が初めて大学入試に臨んだ２００５（平成17）年を区切りとして、指定前後の現役合格者数を集計したところ、４校の大学合格実績に、大きな変化があったことがわかりました。

【グラフ1〜3】は、先行して指定された日比谷・戸山・西・八王子東の４校の指定前５年間（２０００〜04年）の現役の平均合格者数と、指定後3年間（２００５〜07年）の数を比較したものです。

国公立大学現役合格者数**【グラフ1】**では、指定前の２２９・８名が指定後に３３１・３名となり、約１００名増えています。過年度生（浪人生）を含めた合格者に現役の占める割合も52％から62％へ変わり、10ポイントの伸びを示しています**【グラフ4】**。

【グラフ1】日比谷・西・戸山・八王子東　国公立現役合格者数

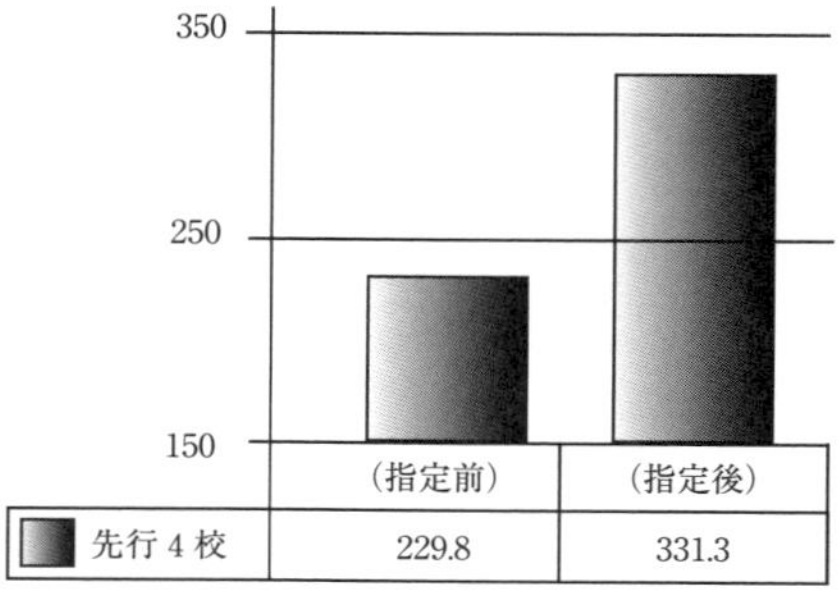

【グラフ2】日比谷・西・戸山・八王子東　→難関４大＋医学部現役合格者

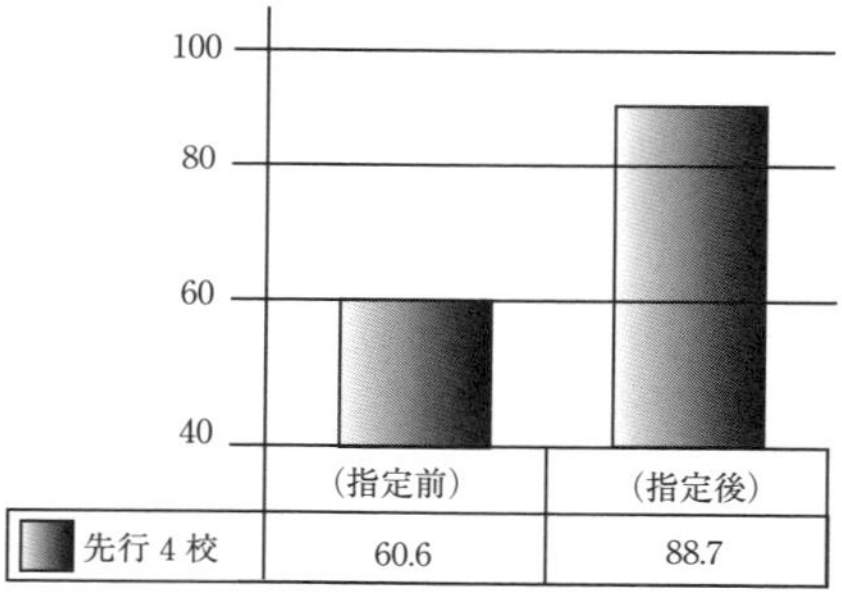

【グラフ3】日比谷・西・戸山・八王子東　→東京大学現役合格者

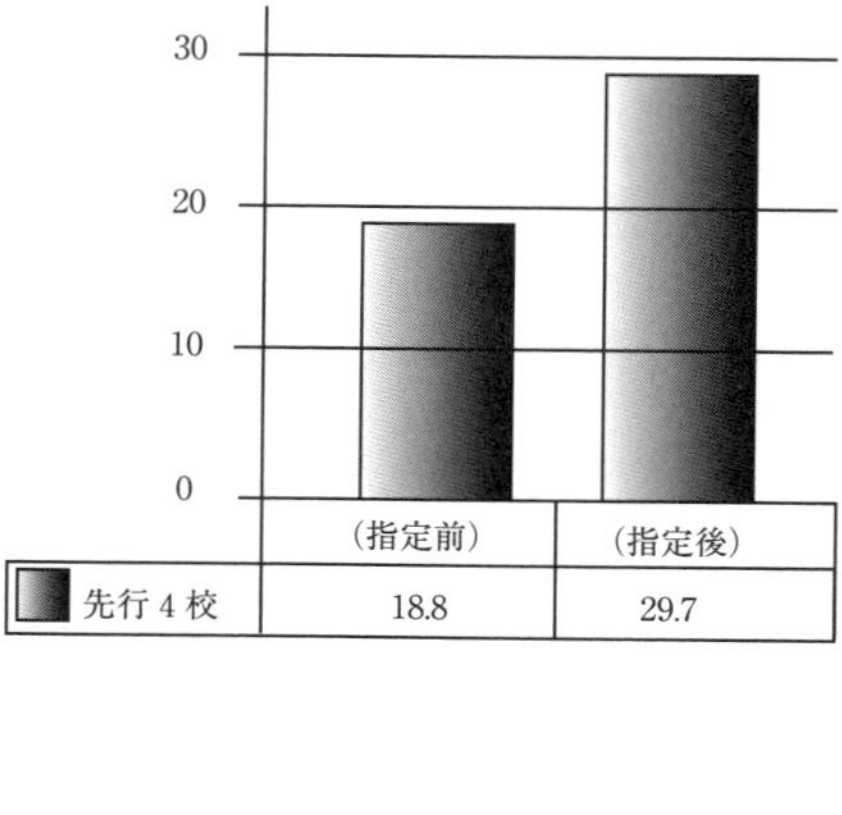

東大、京大、東工大、一橋大に国公立大学医学部医学科を加えた難関国公立大学の合格者数**【グラフ2】**は、60・6名から88・7名となり、約46％増加しました。このうち東京大学の現役合格者数**【グラフ3】**は、18・8名から29・7名となり、約58％も増加しています。

注目したいのは、合格者全体に占める現役合格者の割合（現役率）が高まっていることです。

都立高校からの大学受験合格者といえば、かつては「浪人」（過年度生）の二文字が浮かんできたものでしたが、いまや国公立大合格者数でも現役の割合**【グラフ4】**は、重点校で6

割以上となっています。

早大、慶應大、上智大の現役合格者数【グラフ5】でも、289名から442名と大幅に増加し、2005（平成17）年からの3年間の合格者数では現役合格の割合が連続して伸び

【グラフ4】日比谷・戸山・西・八王子東→国公立大

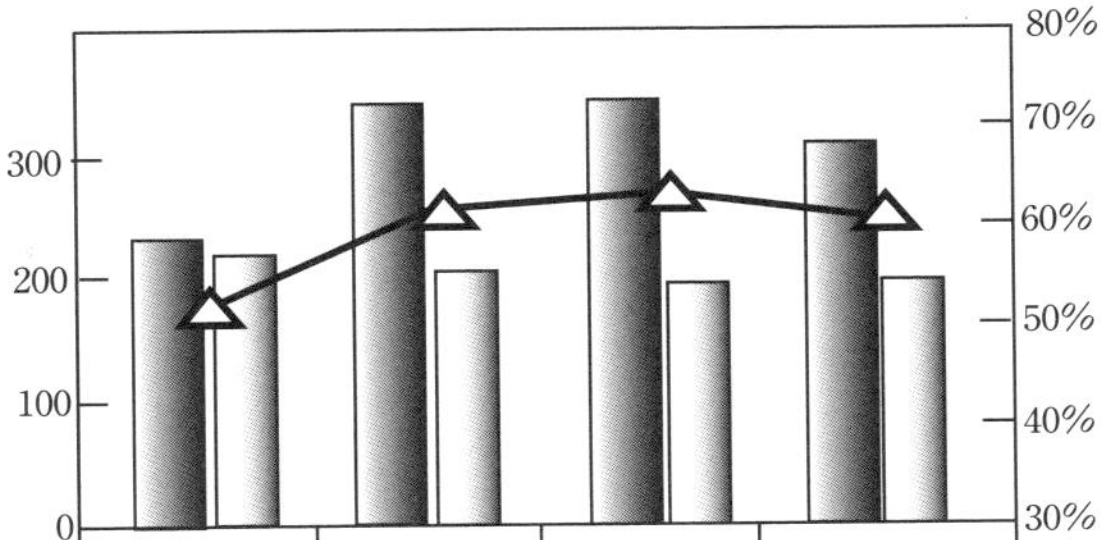

	～04	05	06	07
現役	230	335	341	312
浪人	215	204	189	194
現役率	52%	62%	64%	62%

【グラフ5】日比谷・戸山・西・八王子東→早慶上智

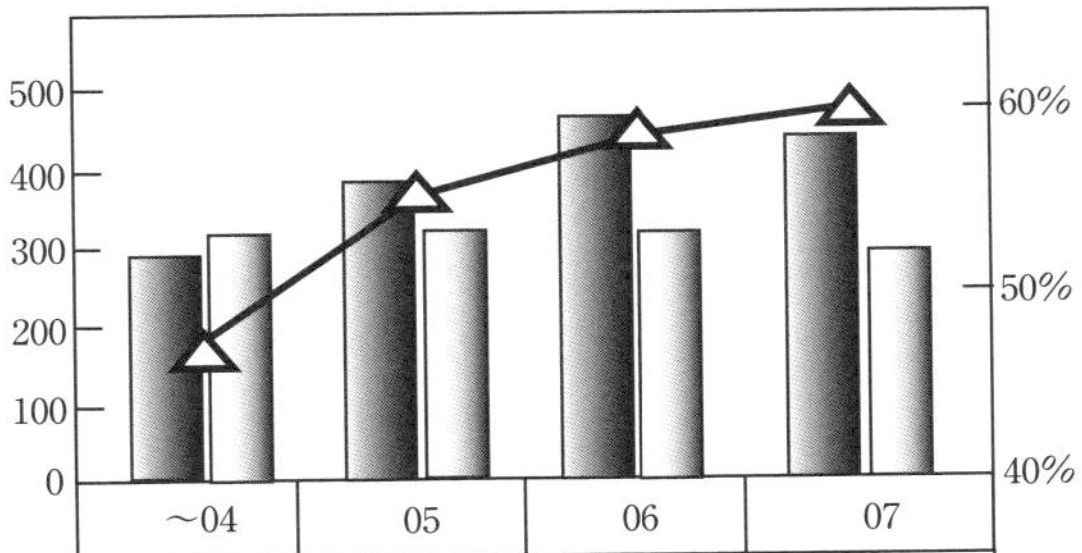

	～04	05	06	07
現役	289	398	478	442
浪人	329	323	334	296
現役率	47%	55%	59%	60%

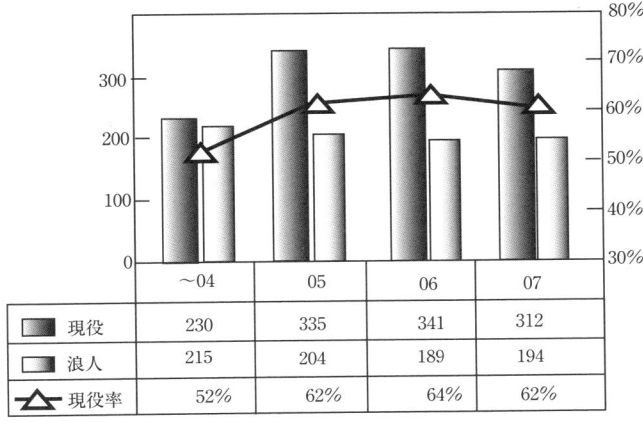

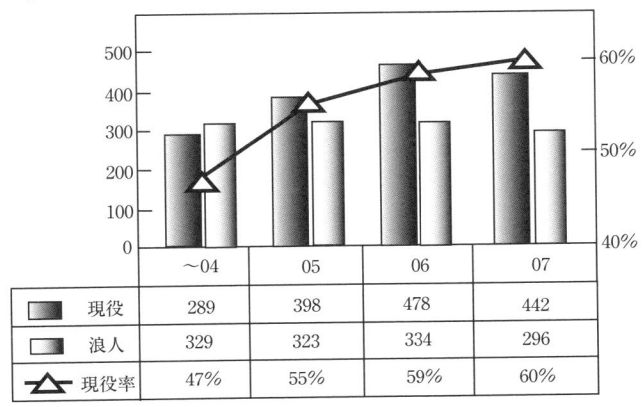

ています。

２００２（平成14）年に指定を受けた青山、立川、国立《くにたち》の３校でも大きな変化がありました。

３校の指定前後の現役合格者数を調べると**【グラフ6】**、国公立大学には指定前の１４８・５名から、指定後は２３１名となり、約56％増加しています。

難関国公立大学の合格者数や早慶上智の合格者数を調べると、青山、立川、国立《くにたち》の３校で

【グラフ６】青山・立川・国立
国公立現役合格者数

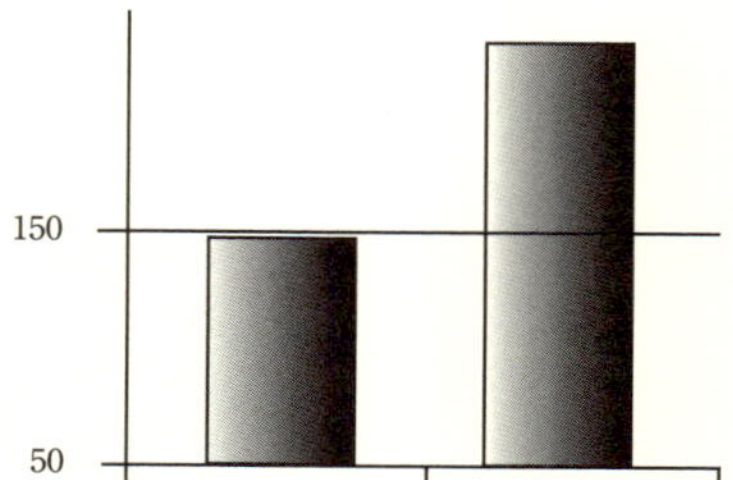

	（指定前）	（指定後）
青山、立川、国立	148.5	231

【グラフ７】青山・立川・国立→国公立大

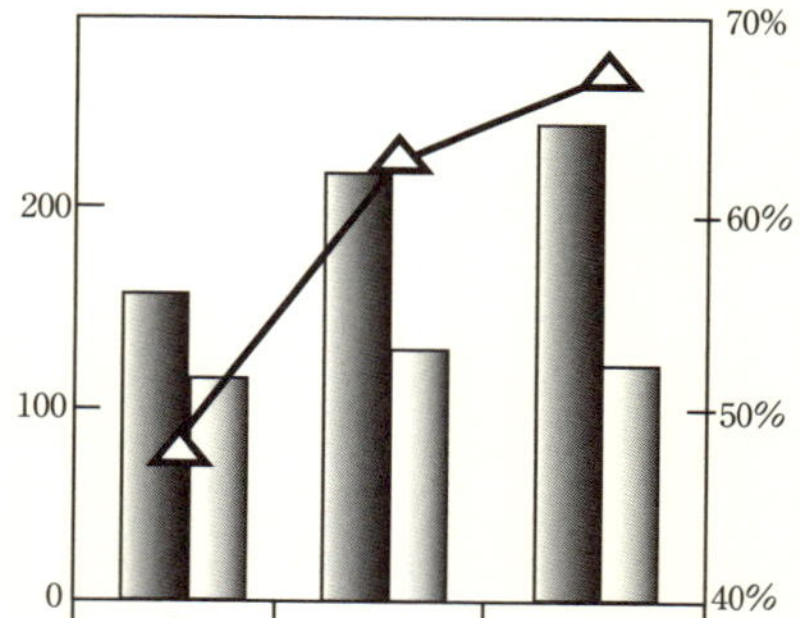

	05	06	07
現役	158	217	245
浪人	115	128	119
現役率	48%	63%	67%

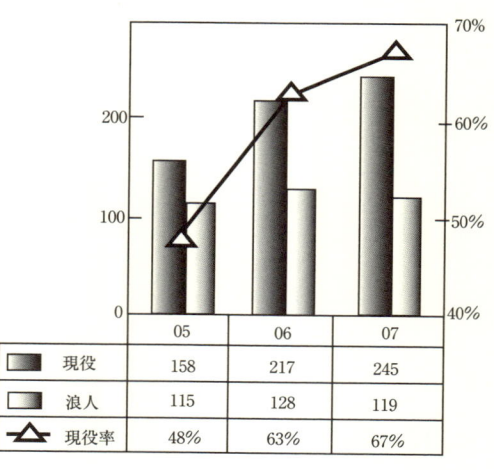

も、現役合格の割合が高まっていることがわかります**【グラフ7・8】**。

日比谷・西・国立《くにたち》・八王子東が合格実績をリード

2007(平成19)年は、日比谷が東大合格者数を28名(現役19名、過年度生9名)と大きく伸ばしました。西、国立《くにたち》、八王子東でもそれぞれ16名の東大合格者がありました。過年度生を含む合格者数をみると、重点校7校の合計では、昨年の56名から81名となり、45%も増加しています。

医学部へ進学する生徒も増えています。都では、東大、京大、東工大、一橋大の難関4大学に国公立大医学部を加えた合格者数の合計を、「進学校」の目安として用いています。

西からは国公立大医学部に14名、京大に5名合格しています(過年度生を含む)。「難関4大

【グラフ8】青山・立川・国立→早慶上智

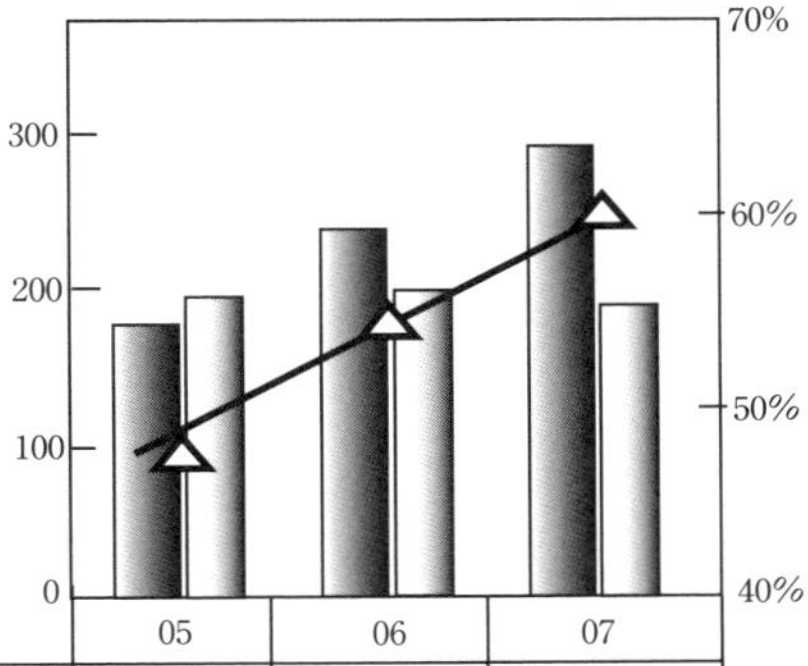

	05	06	07
現役	176	235	290
浪人	195	198	193
現役率	47%	54%	60%

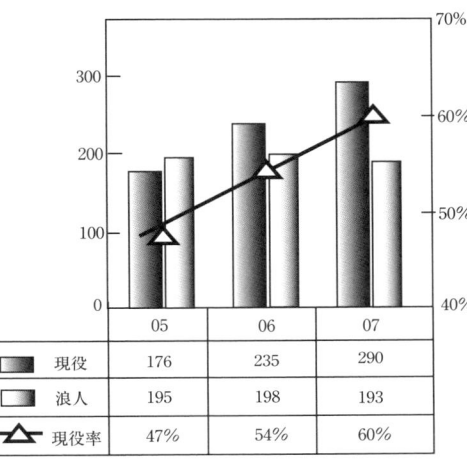

学プラス医学部」の合格者数では、西が58名の実績を出し、国立《くにたち》の56名、日比谷の53名を抑えてトップに立っています。

　国立《くにたち》では、京大5名、一橋大19名のほか、北大、筑波大、東京外語大など国公立大学に現役で110名、浪人を含めると172名が合格しています。卒業生数（一学年）の半分以上が国公立大合格という好成績を収めています。

　八王子東も東京学芸大学、首都大学東京など、地元の大学を中心に、国公立大へ157名が合格しています。

【グラフ9】日比谷・西・国立・八王子東→難関4大学＋医学部（現浪合計）

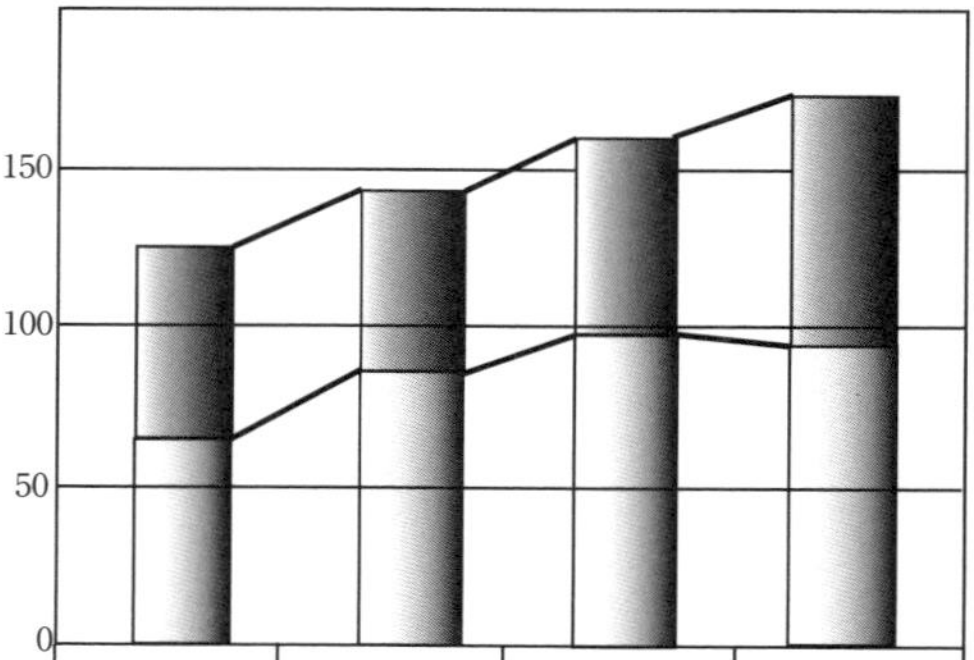

	～04	05	06	07
浪人	60.2	57	62	80
現役	64.2	87	100	95

　進学指導重点校7校のなかでも、この日比谷、西、国立、八王子東4校が「難関4大学プラス医学部」への合格実績を伸ばしていますが【グラフ9】、「現役で東大なら日比谷」、「医学部に強い西」など、それぞれの学校の特色が、合格状況に反映しているように見えます。

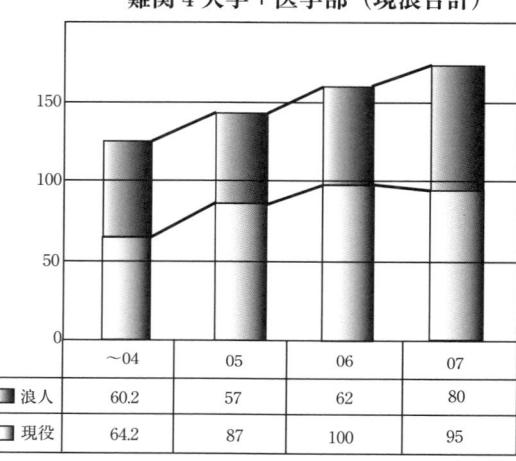

「進学指導重点校」に次ぐ16校

２００７（平成19）年4月、都は進学指導重点校の指定を２０１３（平成25）年3月までとし、６年間延長すると発表しました。また、６月には、進学指導重点校に次ぐ学校として、新たに「進学指導特別推進校」５校を指定しました。

これには少し事情があります。６年前、進学指導重点校が指定されたとき、指定からはずれた高校の先生たちに、一種の危機感のようなものが生まれました。このままでは大学進学実績が下がり、生徒募集にも差し支《つか》えるのではないかと考えたのです。

進学実績の高い他県の高校を訪問したり、予備校で研修を受けたり、時間割を見直したりしながら、進学指導重点校に負けまいと指導体制を立て直していった高校のなかから、実績をあげる学校が次々と現れてきました。

そんななかから２００７年6月に指定された「進学指導特別推進校」が、小山台、駒場、町田、新宿、国分寺の5校です。さらに都は「進学指導推進校」として次の11校を指定しま

【表3】進学実績向上を推進する都立校4グループ

名称	進学指導重点校	進学指導特別推進校	進学指導推進校	中高一貫教育校
学校名	日比谷、戸山、西、八王子東、青山、立川、国立（7校）	小山台、駒場、新宿、町田、国分寺（5校）	九段、三田、国際、豊多摩、竹早、北園、墨田川、城東、小松川、武蔵野北、小金井北（11校）	桜修館、小石川、白鴎、両国、富士、大泉、南多摩、北多摩、武蔵、三鷹（10校）
目的	難関大学をめざす学校	難関大学を中心とした進学実績の向上をめざす学校	国公立大学および難関私立大学への進学をめざす取組を強化する学校	教養教育を重視し、各界のリーダーとなり得る人材を育成する学校
支援策	進学指導を重視した教育課程の編成	進学を重視した教育課程に関する情報提供や具体的な編成案を提示するなどの指導・助言を行う。		
公募制による教員の配置	国語・地理歴史・公民・数学・理科・英語の担当教員のうち、熱意と指導力のある教員を配置する。	公募制の実施に向け内容を検討する。	公募制は実施しないが、異動で指導力のある教員を配置する。	公立中学校と都立学校から公募を行い、中高一貫教育への理解と指導力のある教員を配置する。

した。九段、三田、国際、豊多摩、竹早、北園、墨田川、城東、小松川、武蔵野北、小金井北の11校です。いずれも指定期間は進学指導重点校と同じ、2013（平成25）年3月までとされています。ただし、九段は千代田区立の中高一貫校として移行中で、2009（平成21）年3月に都立高校としての役目を終えます。これら合わせて16校に対して都では教員の配置など進学指導重点校に準じた支援策を講じるとしています。

【表3】を見てください。東京都は進学実績向上のためのシフトとして、これまでに4グループをつくりました。序列としては、まず、進学指導重点校（7校）、次に今回発表された進学指導特別推進校（5校）、つづいて進学指導推進校（11校）、そして別枠として中高一貫校（10校）です。

国公立の難関大学（前述のように都では、東大、京大、一橋大、東工大、国公立大学医学部を難関大学と定義しています）をめざす進学指導重点校から、各界のリーダーを育てる中高一貫校まで、それぞれのグループには、位置づけにちがいがあります。

そうした目的を実現するための方策として、ふさわしい先生を公募したり、特別予算を編成したりと、教育委員会が支援していきます。しかし、支援の程度にはちがいがあります。特別推進校の「特別」の意味には、「進学指導重点校と同じようにあつかいますよ」というメッセージの意味もこめられているのです。

もともと、この4グループに属する学校は、「進学指導研究協議会校」という大きな枠のなかにあります。5年ほど前に再編成され、現在では33校に拡大しています。

この協議会校33校から、進学指導重点校（7校）と中高一貫校（10校）とに与えられる方策は決まっていましたが、残りの16校の位置づけが、これまでは、明確ではありませんでした。今回、その16校を、進学指導特別推進校（5校）と進学指導推進校（11校）のふたつのグループに分け、目的をよりはっきりさせることにしたわけです。

指定された学校の大学合格実績はどうか

それでは、4グループ校の大学合格実績は、どの程度なのか調べてみましょう。**【グラフ10~12】**は、4グループ33校のうち、28校の2007年春の大学入試の結果をまとめたものです。グループごとに並べたうえで、それぞれの高校の大学合格実績を棒グラフで示しました。左から7校が進学指導重点校、次の5校が進学指導特別推進校、次の11校が中高一貫校、一番右の5校は進学指導推進校11校のうちの5校です（九段は進学指導推進校ですが千代田区立の中高一貫校となるため中高一貫校の枠にくくりました）。

学校によって卒業生の数にちがいがあるので、大学への合格者（件）数を各校の卒業生数で割った値を百分率になおして、棒グラフで表しました（占有率と呼んでいます）。途中の薄い部分までが現役の、上の濃い部分が過年度生の占有率を示しています。

【グラフ10】は、国公立大学の占有率です。たとえば日比谷の場合、現役での合格者は卒業生の約30％、過年度生を含めると約46％の生徒が国公立大学に合格しています。国立《くにたち》では、現役では約3人にひとり、過年度生を含めるとふたりにひとり以上が国公立大学に合格しています。

【グラフ10】　国公立大の占有率

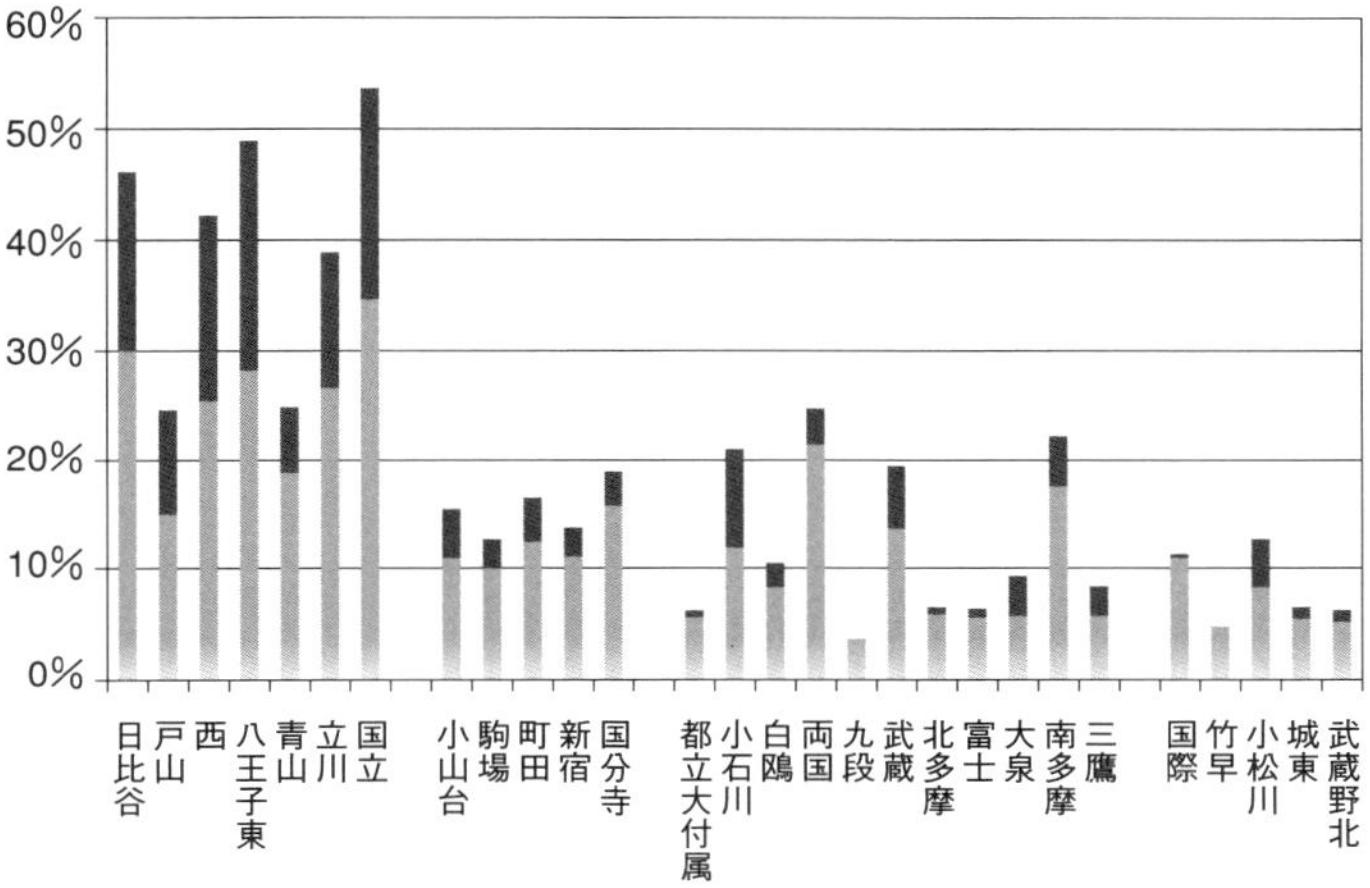

進学指導特別推進校はどうでしょう。残念ながら、重点校にはまだまだおよびません。しかし、進学指導重点校も指定前には、現在ほどの実績がありませんでした。さきに進学指導重点校に指定された4校（日比谷、戸山、西、八王子東）の、国公立大学への現役合格者数は、指定後に100名以上増加しています。また、後発の3校（青山、立川、国立《くにたち》）の実績も、今春、急伸していますので、進学指導特別推進校にも、同じように期待してもよいのではないでしょうか。

進学指導特別推進校各校の国公立大学占有率は、国分寺…18％、町田…16％、小山台…15％、新宿…14％、駒場…13％です。

グラフ右端の進学指導推進校の国公立大学占

【グラフ11】 早慶上智の占有率

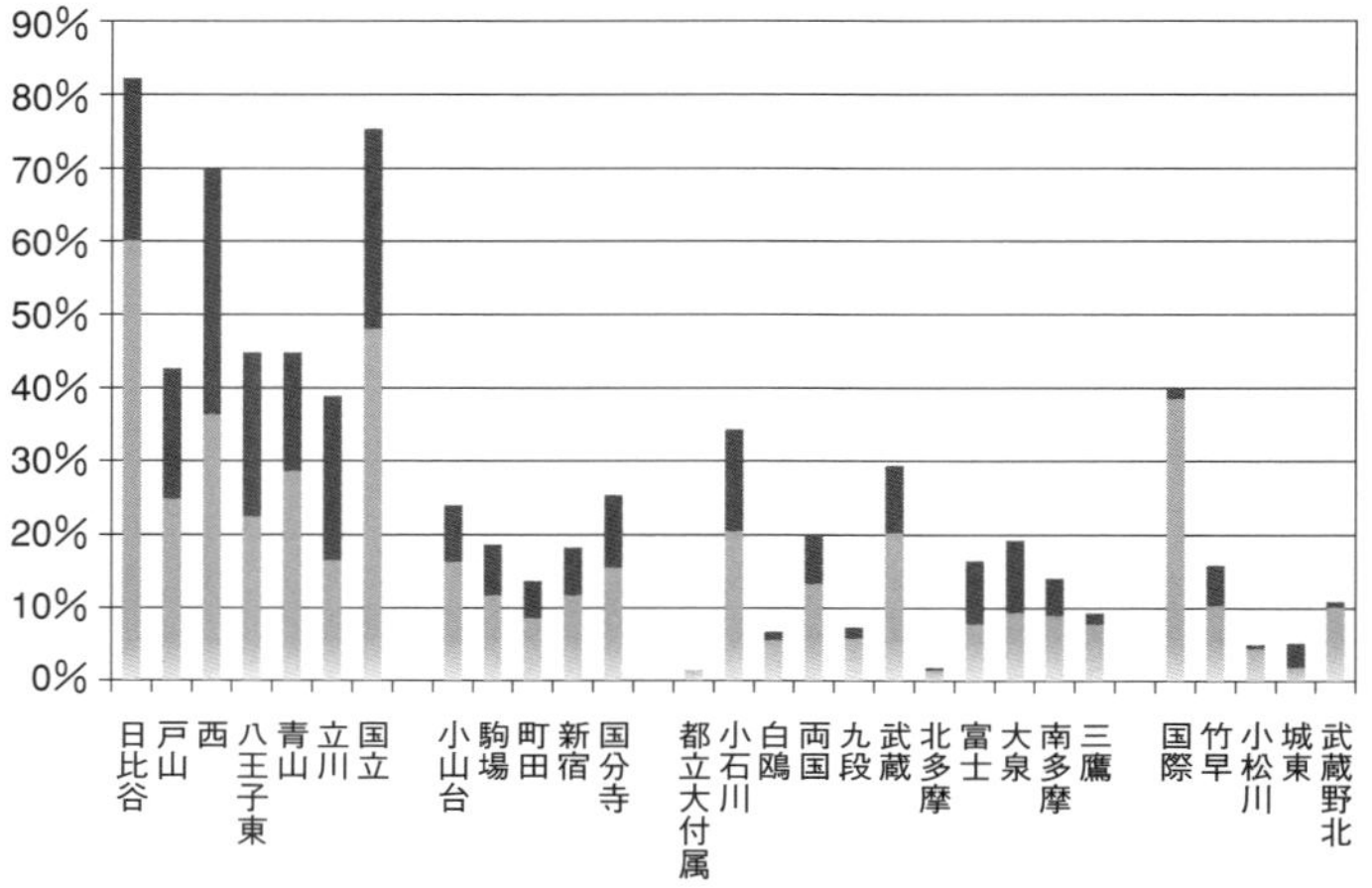

有率は、小松川…13%、国際…11%、城東…6%となっています。進学指導推進校に甘んじた学校のなかにも、小松川などのように、進学指導特別推進校と実績がほとんど変わらない高校もあります。

今回、このデータを調べていて気がついたことがあります。進学指導特別推進校に選ばれた5校は、進学指導推進校を含めた16校のなかでは、しっかり5番目までを占めていることです。このデータで選定したわけではないかもしれませんが、今春の国公立大学占有率の高かった学校5校が、順当に指定を受けた形となりました。

【グラフ11】は、早慶上智です。序列に変化が起こってきました。進学指導重点校を除けば、トップは断然国際。昨年50%、今年も40%と進学指導重点校の一部（戸山…42%、青山…44%、八王子東…44%）にも劣らぬ強さです。

【グラフ12】では、MARCH+東京理科大の占有率を調べました。今春は、国分寺…90%、

【グラフ12】MARCH+東京理科大の占有率

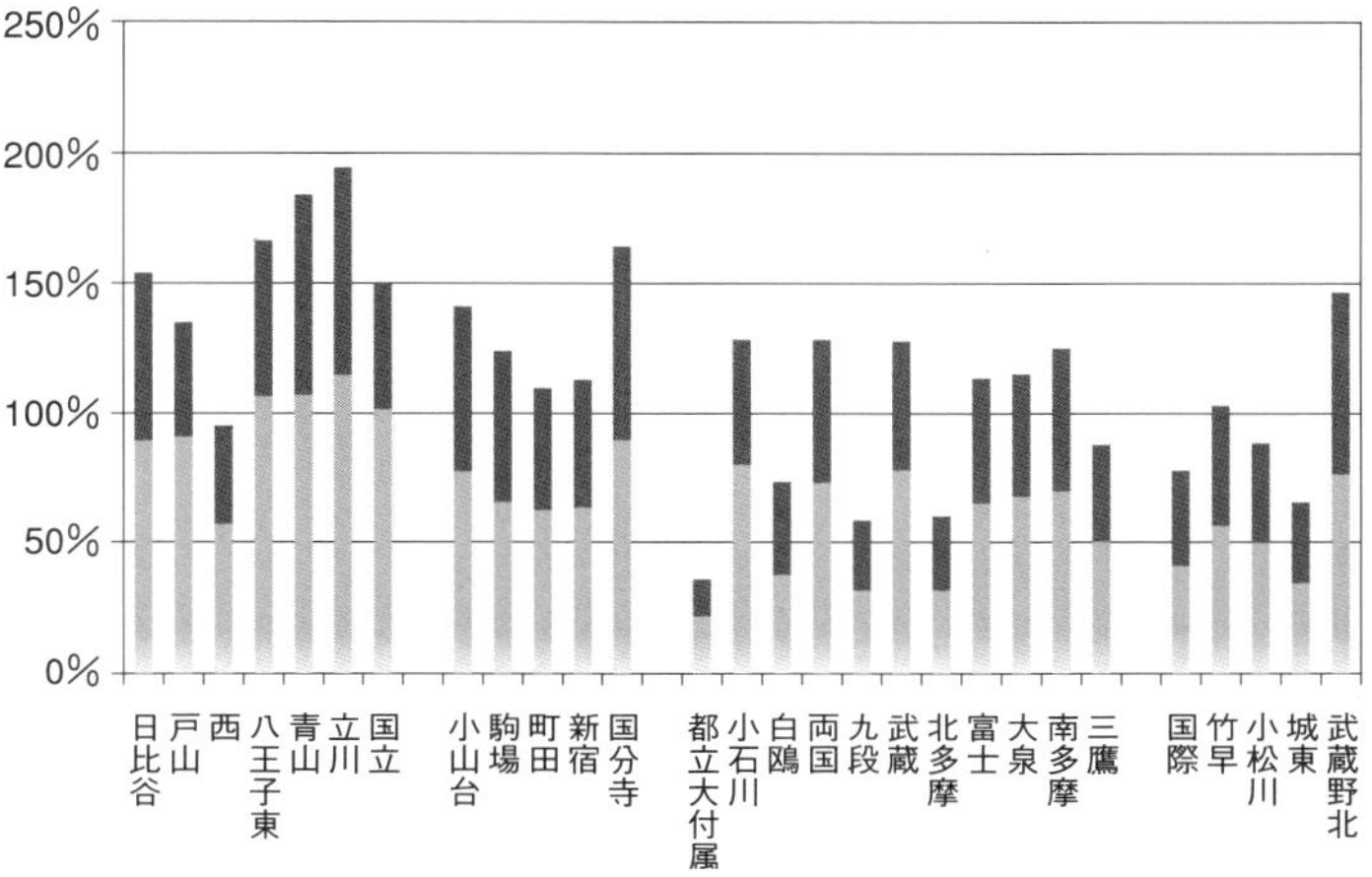

小山台…80%、武蔵野北…76%、駒場…69%、新宿…66%、町田…63%、竹早…59%の順でした。

進学指導推進校では、武蔵野北と竹早が有力です。進学指導特別推進校5校のMARCH+東京理科大の占有率は、年度によってちがいがあるものの、現役でほぼ60%以上とかなり高いレベルを維持しています。

この指定により、今後、進学指導特別推進校を受検する場合の倍率がこれまで以上に高くなりそうです。

進学指導推進校も将来性のある進学校として注目されることになりそうです。

（難関４大学+医学部計と国公立大学計）

国公立大学医学部			４大学＋国公立大医学部計			国公立大学計			国公立に占める難関大の割合	
現	浪	計	現	浪	計	現	浪	計	下段前年	
2 (3)	5 (4)	7 (7)	35 (28)	18 (13)	53 (41)	94 (90)	48 (36)	142 (126)	37% 33%	日比谷
0 (2)	5 (6)	5 (8)	5 (11)	13 (15)	18 (26)	46 (72)	30 (60)	76 (132)	24% 20%	戸山
4 (3)	10 (5)	14 (8)	28 (28)	30 (28)	58 (56)	80 (81)	52 (46)	132 (127)	44% 44%	西
1 (1)	7 (10)	8 (11)	15 (30)	27 (23)	42 (53)	92 (103)	65 (47)	157 (150)	27% 35%	八王子東
7 (9)	27 (25)	34 (34)	83 (97)	88 (79)	171 (176)	312 (346)	195 (189)	507 (535)	34% 33%	**４校計**
0 (0)	3 (2)	3 (2)	3 (4)	7 (6)	10 (10)	52 (44)	20 (29)	72 (73)	14% 14%	青山
1 (1)	0 (2)	1 (3)	7 (6)	5 (6)	12 (12)	84 (71)	40 (42)	124 (113)	10% 11%	立川
1 (4)	4 (3)	5 (7)	25 (25)	31 (20)	56 (45)	110 (102)	60 (57)	170 (159)	33% 28%	国立
2 (5)	7 (7)	9 (12)	35 (35)	43 (32)	78 (67)	246 (217)	120 (128)	366 (345)	21% 19%	**３校計**
9 (14)	34 (32)	43 (46)	118 (132)	131 (111)	249 (243)	558 (563)	315 (317)	873 (880)	29% 28%	**７校計**

【表4】2007年春　進学指導重点校の国立大学合格者数

	東京大学			東京工業大学			一橋大学			京都大学		
	現	浪	計	現	浪	計	現	浪	計	現	浪	計
日比谷	19 (9)	9 (3)	28 (12)	10 (10)	1 (3)	11 (13)	4 (5)	3 (2)	7 (7)	0 (1)	0 (1)	0 (2)
戸山	1 (3)	2 (3)	3 (6)	2 (5)	3 (5)	5 (10)	2 (0)	3 (1)	5 (1)	0 (1)	0 (0)	0 (1)
西	7 (9)	9 (10)	16 (19)	9 (10)	2 (6)	11 (16)	6 (3)	6 (5)	12 (8)	2 (3)	3 (2)	5 (5)
八王子東	8 (8)	8 (2)	16 (10)	4 (13)	8 (9)	12 (22)	2 (5)	3 (1)	5 (6)	0 (3)	1 (1)	1 (4)
4校計	35 (29)	28 (18)	63 (47)	25 (38)	14 (23)	39 (61)	14 (13)	15 (9)	29 (22)	2 (8)	4 (4)	6 (12)
青山	0 (0)	0 (0)	0 (0)	1 (2)	2 (2)	3 (4)	2 (2)	1 (2)	3 (4)	0 (0)	1 (0)	1 (0)
立川	1 (0)	1 (0)	2 (0)	2 (3)	2 (2)	4 (5)	3 (2)	1 (0)	4 (2)	0 (0)	1 (2)	1 (2)
国立	8 (5)	8 (4)	16 (9)	5 (8)	6 (5)	11 (13)	8 (7)	11 (4)	19 (11)	3 (1)	2 (4)	5 (5)
3校計	9 (5)	9 (4)	18 (9)	8 (13)	10 (9)	18 (22)	13 (11)	13 (6)	26 (17)	3 (1)	4 (6)	7 (7)
7校計	44 (34)	37 (22)	81 (56)	33 (51)	24 (32)	57 (83)	27 (24)	28 (15)	55 (39)	5 (9)	8 (10)	13 (19)

※（　）内は2006年度実績

都立高校全体の合格実績も上昇に転じる

進学指導重点校の指定は、それまで沈滞していた都立高校の上位校の活性化を促しました。その結果、都立高校全体の大学合格実績も向上しています。それを示すためには「合格率」と「シェア」の説明をしなければなりません。

大学合格実績の評価は、簡単なようで難しい側面があります。合格者数だけで比較すると、生徒数の多い大規模な学校がランキングの上位を独占してしまいます。合格者数を一学年の生徒数（普通は卒業生数を使います）で割った値（便宜上「合格率」と呼びます）で比べることで、他校の結果や過去の学年の結果と公平に比べることができるといえます。

難しさのもうひとつは、大学の定員が増減することです。最近は、学部の新設、大学院の重点化、法科大学院の開校などで、募集人員の大幅な増加や減少が起こっています。

【表5】各大学における首都圏一都三県の高校の合格者に占める都立高校の割合

大学名	各大学に占める都立高校の割合（1996→2006年）	大学名	各大学に占める都立高校の割合（1996年→2006年）
東京大	4.4%→5.5%	慶應義塾大	7.7%→9.1%
東京工業大	13.9%→18.7%	早稲田大	9.3%→13.0%
一橋大	11.1%→11.9%	上智大	10.7%→11.4%

こうした状況では、たとえばA高校がX大学への合格者数を大きく伸ばしたといっても、X大学の募集のようすを調べてみる必要があるかもしれません。自治体ごと、設置者別などの大規模な調査では、合格者数の「シェア」を求めることが、公正な評価の条件となってくるでしょう。

【表5】は東大、東工大など6つの大学の全合格者に占める都立高校出身者の「シェア」の推移（1996→06年）を調べたものです。

シェア（合格者を分けあう）の相手は、都内の私立高校や神奈川県立高校などです。調査では、10年間で都立高校だけが6大学全てのシェアを伸ばしていることが明らかになっています。

私立の中高一貫校と比べてみると

「合格率」では、都内の私立高校3校を加えて比べました。**【グラフ13】**では、国公立大学合格者数の卒業生数に占める割合（合格率）を求めて、現浪別に示しています。

さらに、東大など「難関4大学プラス医学部」の合格者数の、国公立大合格者全体に占める割合を「難関率」として、三角形をつないだ折れ線で表しています。

私立高校の実績は巣鴨と芝は2007（平成19）年のデータですが、豊島岡女子は2006（平成18）年のものです。左から合格率（現浪合計）の高い学校の順に並べました。

左端の国立《くにたち》は現浪合計では巣鴨と並んで53％ですが、現役の合格率が34％と、巣鴨よりわずかに勝っています。両校ともに国公立大に、一学年の半数以上が合格、現役でも3人にひとりが合格している計算になります。

【グラフ13】進学指導重点校と巣鴨・芝・豊島岡女子→国公立大＆難関＋医の割合

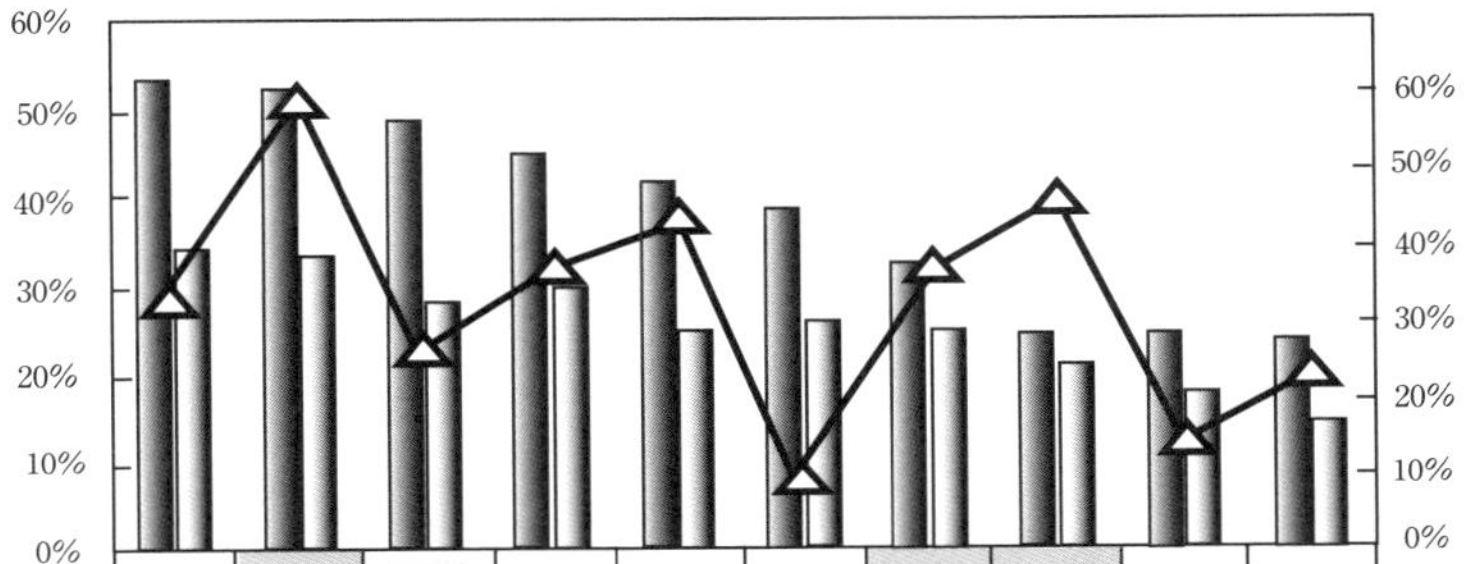

	国立	巣鴨	八王子東	日比谷	西	立川	豊島岡女子	芝	青山	戸山
合格（現＋浪／卒）	53%	53%	49%	45%	42%	39%	33%	25%	25%	24%
現役／卒業生数	34%	33%	29%	30%	26%	26%	25%	21%	18%	15%
難関＋医／合計	33%	59%	27%	37%	44%	10%	37%	46%	14%	24%
卒業生数	319	273	322	313	313	320	390	267	278	312

ただし、難関大学の国公立大全体に占める割合（難関率）では、国立《くにたち》の33％に対して、巣鴨はじつに59％と非常に高いレベルを保っています（2006年は63％）。

一方、左から3番目の八王子東は、現浪合計49％と学年の半数近くが国公立大に合格していますが、現役での割合はやや低く、難関率も低くなっています。

日比谷は2006（平成18）年→07年（平成19）で、現浪合計40％→45％、現役合格率27％→30％、難関率33％→37％と大幅な伸張を見せています。

グラフにはありませんが、早慶上智の合格率では合計82％、現役60％と、私立高校の上位校を上回る成果を上げています（芝…合計73％・現役52％。豊島岡女子…合計67％・現役55％）。

都立高校で難関率が最も高いのが西の44％です。

現浪合計のため同学年での数値ではありませんが、卒業生313名中57名となっています。つまり、クラスに7人程度、難関4大学か国公立大医学部に合格している生徒がいる計算です。現役合格率が26％と低いのは、簡単には志望校を切り下げない「つわもの」が多いためと考えられます。

立川は、近年国公立大の実績が上がってきた学校のひとつですが、難関率が10％と低いのが気になります。青山も回復基調にはあるものの、進学指導重点校のなかでは、合格率・難関率ともに低いレベルに止まっています。

意外だったのは、戸山の低落ぶりです。現浪合計で、2006（平成18）年→07（平成19）年で41％→24％と、合格率が大幅に低下しました。現浪合計、現役ともに青山に抜かれたうえに、現役では進学指導重点校ではない国分寺にも抜かれるありさまです。

2007（平成19）年に卒業した学年は、校舎建設工事の影響で、グラウンドが全く使えないことを承知して入学した生徒たちでした。体育の授業や行事、部活動にも大きな制約がありました。

「文武両道」のバランスを失うと、大学受験でも失速してしまうということでしょうか。今年度の戸山の結果は、伝統校が持っていた独自の教育環境に変化があったときの影響を示唆しているのかもしれません。

私立高校とのちがいから

都立高校と比較してめだつのが、私立高校の難関率の高さです。巣鴨の59％は先ほど触れましたが、国公立大への合格率が25％と低い芝でも難関率は46％で、都立高校で一番高い西を上回っています。豊島岡女子は、日比谷と同じ37％ですが、女子だけで残した数字です。

豊島岡女子の私大医学部の合格者数は51名で、これに歯学部・薬学部・獣医学部を加えた医・歯・薬・獣医学部の合格者数は、２９５名（国公私立大学合計、現浪合計）となり、合格率はなんと76％に達しています。

こうした私立の学校には、医者になること、薬剤師になることなど、具体的で現実的な目標をめざして、日々勉強に打ち込む生徒が数多くいることがわかります。

一方、都立高校では勉強する習慣が定着する以前に、部活や行事にエネルギーを使いすぎて、学習への努力を怠る生徒がめだちます。「武」に偏りすぎても、うまくいかないのです。

都立高校の改革は、生徒一人ひとりのちがいを受け入れ、さまざまな注文に応えるところから出発しました。逆にいえば、改革の中心には、自分の個性や力を信じ、他者のそれを大切にする自主・自律した「個人」がいなければなりません。

都立高校を志望校に選び、その場所で3年間を過ごそうと考えたとき、ポイントとなるのは自分で決めたことを実行し続ける強い意志があるかどうかです。

高校は、みなさんが将来「個人」として自立するために切磋琢磨《せっさたくま》する場です。その場所で、自分はなにがしたいのか、自分にはなにができるのか。そのことをじゅうぶんに考えたうえで、学校選びを進めてほしいと思います。

Ⅱ章　進学指導重点校を中心とした都立高校入試状況

実質倍率は94年以降で最高、入試欠席率も最小記録を更新

都立高校人気は２００７（平成19）年も続きました。３月１日に合格者の発表が行われた都立高校一般入試は、記録ラッシュの入試となりました。実質倍率は全日制平均で１・33倍となり、現在の入試制度が始まった１９９４（平成６）年以降で最高となっています。適性検査当日の欠席率は７・２％で、１９７２（昭和47）年の７・３％を35年ぶりに更新する最小値をマークしました。

普通科旧学区校が倍率増

都立高校人気が高まったのは４年前のことで、学区制を撤廃した２００３（平成15）年度

入試から始まりました。この年は、全日制全体の不合格者が前年より約２０００名増えています。単位制高校など、新しいタイプの高校の新規開校も人気を支える役目をしていたといえるでしょう。

２００６（平成18）年は日比谷、西など進学指導重点校を中心に上位校の応募者が増加して、普通科への流れが強くなりました。

２００７（平成19）年の普通科旧学区の受検倍率は男子１・31倍、女子１・44倍。いずれも2年連続して上昇しています。一方、商業科、工業科、総合学科などは低下しており、普通科人気を裏付けている形です。

【表６】 ここ３年間の都立高校受検倍率

受検倍率	05年	06年	07年
普通科（男子）	1.24	1.30	1.31
普通科（女子）	1.40	1.42	1.44
普通科単位制	1.39	1.37	1.42
商業科	1.22	1.162	1.12
工業科	1.34	1.19	1.17
農業科	1.42	1.18	1.31
総合学科	1.41	1.38	1.26
商業科	−	−	1.45
全日制計	1.32	1.32	1.33

進む中堅上位校の調整

旧学区では、どのレベルの高校が受検生を多く集めたのでしょうか。

旧学区に属する高校を、模擬テスト

【グラフ14】都立高校不合格者数の推移

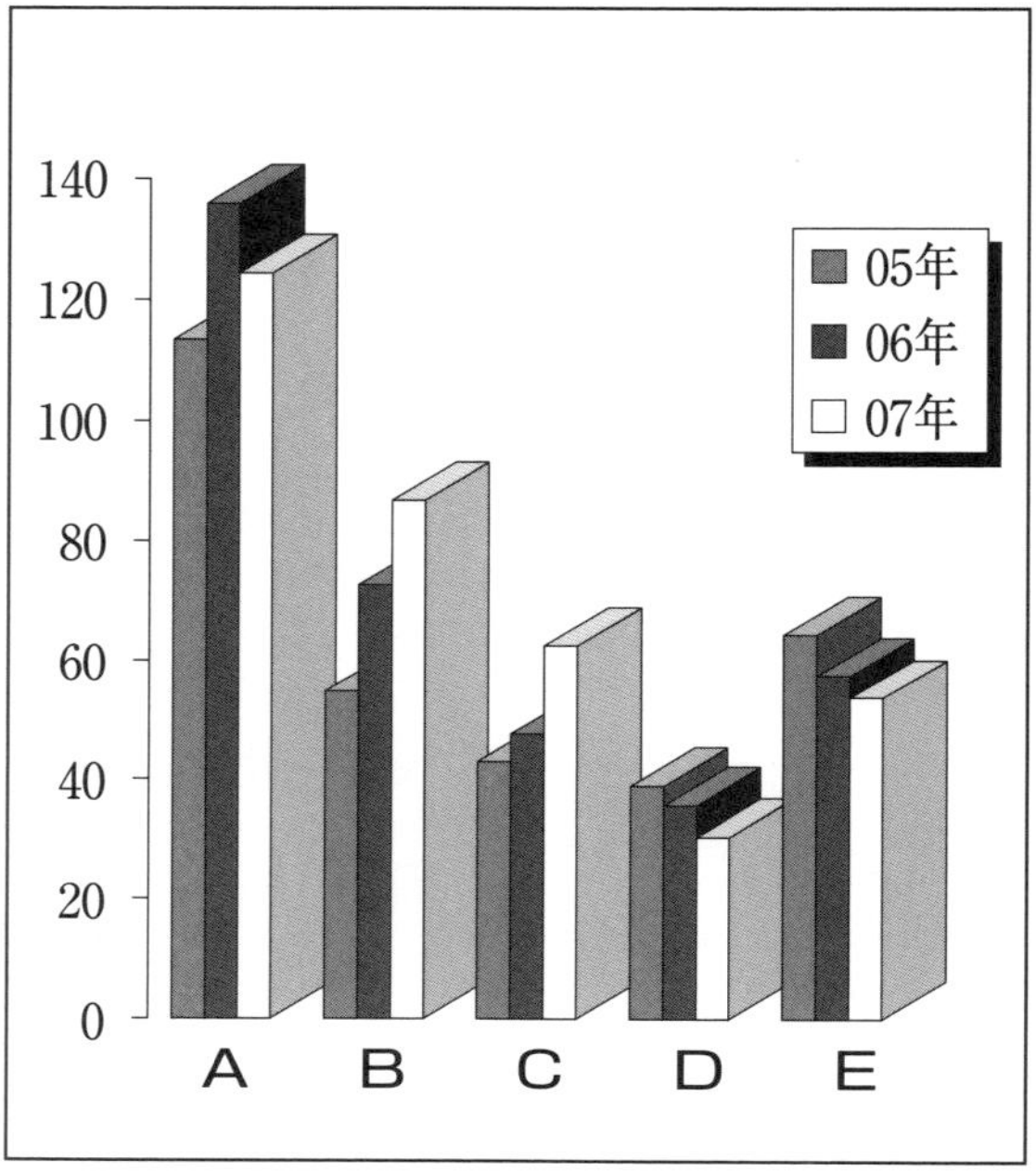

の合格基準でA～Eの5つの段階（レベル）に分け、レベルごとの不合格者数（男女計、1校あたり）を3年推移で示したのが【グラフ14】です。

　Aには日比谷、西など、Bには白鴎、町田など、Cには雪谷、文京などがそれぞれ属しています。A→B→Cの順で基準（内申＋偏差値）が低くなっています。

　基準の高い学校から不合格者が多く生まれる分布の形は3年間変わっていません。昨年は、A・Bレベルともに一昨年より増加して、上位校への偏りが強く表れました。

　2007（平成19）年はAレベルの不合格者が減り、B～Cレベルが増えています。旧学区3～5番手に位置していた学校のなかから、三田、文京など倍率の高い学校が現れA～C間のへこみがならされてきました。2006（平成18）年の高倍率への反動から、上位校では調整が進んでいるようすです。

進学指導重点校にも見られる隔年現象

【グラフ15】進学指導重点校　07年受験者数の前年比

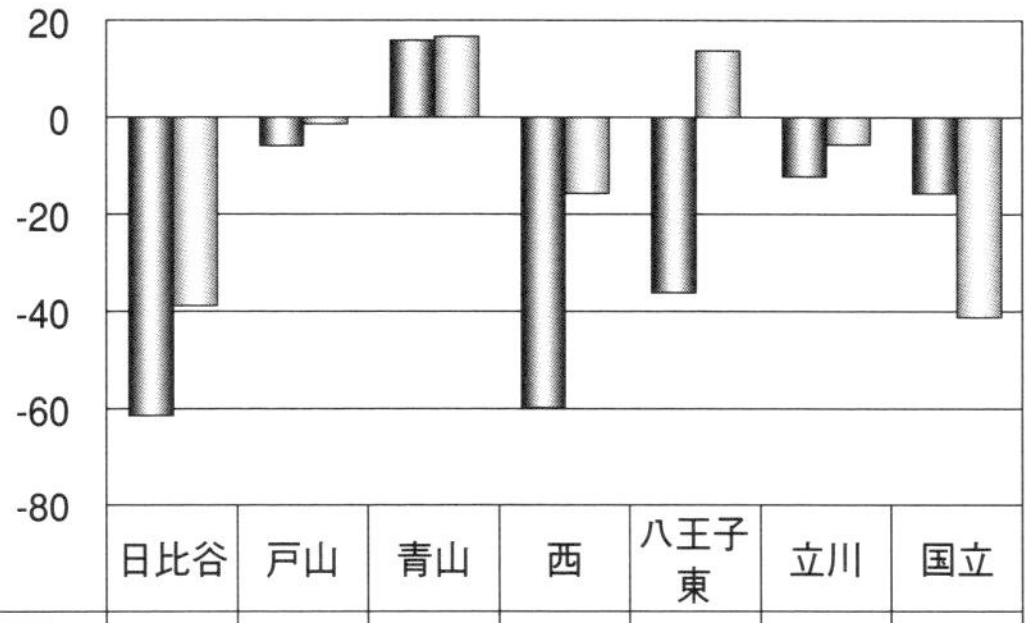

	日比谷	戸山	青山	西	八王子東	立川	国立
男子	-61	-5	15	-60	-36	-12	-16
女子	-39	-1	16	-16	13	-5	-41

２００７（平成19）年、進学指導重点校の受検者は軒並み減少しました。**【グラフ15】**は進学指導重点校の一般入試での受検者数を昨年と比較したものです。増加は上方に、減少は下方に伸びています。

青山の男女と八王子東の女子を除き、受検者数は軒並み減少しているのがわかります。日比谷の男女、西の男子、八王子東の男子、国立《くにたち》の女子に大きな減少がみられます。男女計では、日比谷が１００名、西が76名、国立《くにたち》が57名減少。７校の合計では２４８名の減少（男子１７５名、女子73名）ですが、いったい、受検生はどこの学校に向かったのでしょうか。

【グラフ14】のAレベルには、進学指導重点校のほかに、小石川、両国、武蔵など旧学区のトップ校や小山台など8校の進学校が属しています。これにBレベルで進学実績の高い富士、白鴎、町田、進学重視型単位制高校2校（国分寺、新宿）と国際を加えた14校の受検者数のトータルを前年と比べると、約200名増加しています。

全日制全体の受検者数は前年とほとんど変わっていないことから、最上位高校への受検者層が高倍率を懸念して、2006（平成18）年よりやや基準の低い他の上位校へ移動したことが考えられます。

加えて2007（平成19）年は、私立大学の附属校人気も復活しています。移転・共学化する法政大高や、ハンカチ王子でフィーバーした早稲田実業など、難関大学の附属校に話題が集まり、また、推薦枠や募集数を拡大、試験日を増設した大学附属校も多くみられました。

こうした大学附属校を第1志望とし、都立高校を抑えに据えた受検生も増えたようです。

進学指導重点校の応募者の動き

進学指導重点校の応募者数や倍率はこれまでどのように変化してきたのかを過去にさかのぼって調べてみましょう。

前章でも触れましたが、進学指導重点校は2001（平成13）年9月に日比谷、戸山、西、八王子東の4校が、翌2002（平成14）年には青山、立川、国立の3校が指定されました。

進学指導重点校の入試では、国数英の3教科については自校で問題を作成（自校作成問題）することがルールですが、実際には体制がなかなか整わずに実施が遅れ、導入は各校まちまちの時期になりました。

最も早かったのは2001（平成13）年から実施した日比谷です。

続いて2002（平成14）年に西が、2003（平成15）年には戸山と八王子東が導入しました。進学指導重点準備校からスタートした青山などの3校は、2004（平成16）年から自校作成問題校となったのです。

【グラフ16】進学指導重点校以外の上位校の07年受検者数（対前年比）

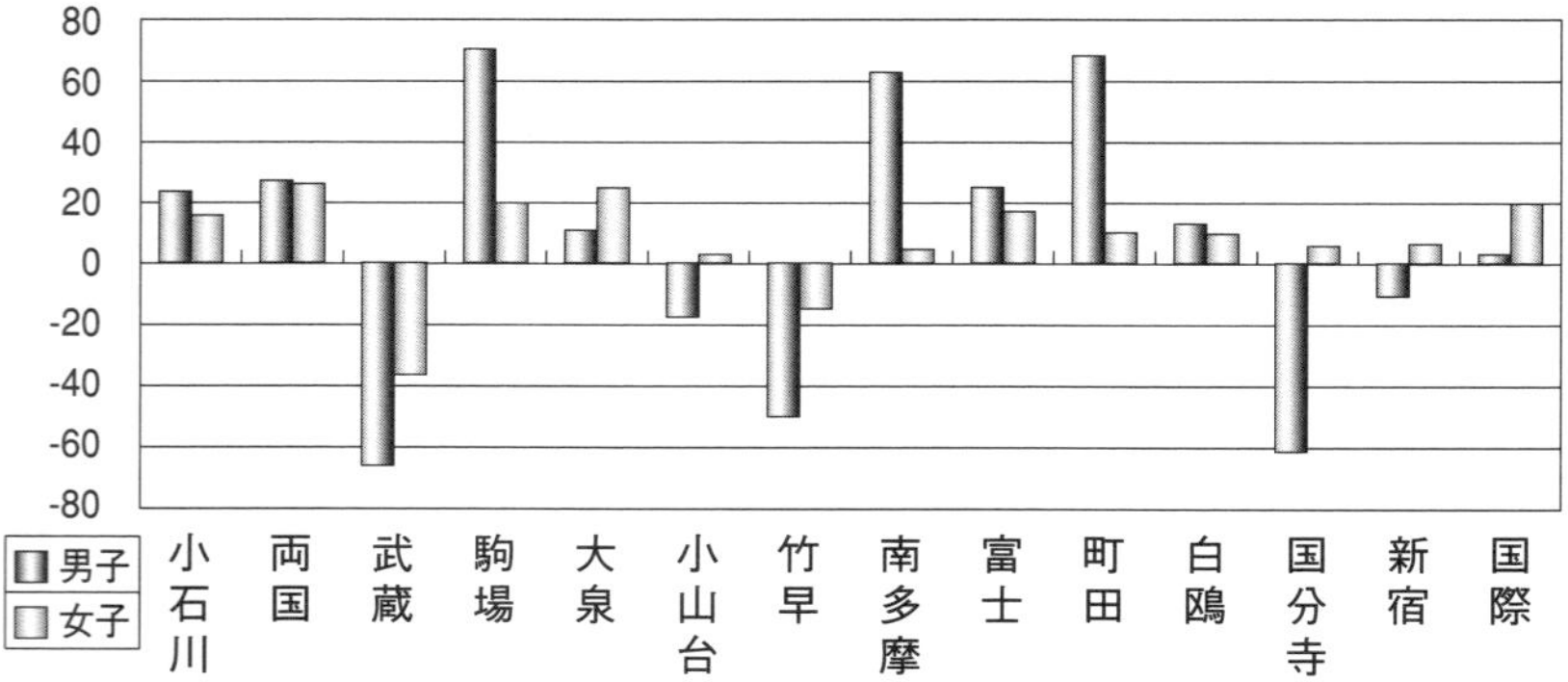

こうした導入時期の差が、各校の応募者数の増減に微妙な影響を与えることになりました。

２００１（平成13）～03（平成15）年、指定直後の進学指導重点校７校の応募者数は急増しています。しかし、その後は自校作成問題の難しさから、一部の受検生が導入前の学校や、小山台、竹早など共通問題を出題する学校へ避難してしまいます。

２００５（平成17）年春、日比谷が東大合格者を14名に伸ばすなど、進学指導重点校の実績が明らかになると、停滞していた倍率は再び上昇します。２００６（平成18）年には男女ともにピークだった２００３（平成15）年の記録を塗り替えています。

２００７（平成19）年春は、２００６（平成18）年に高倍率だった日比谷と西に強い反動が出て、応募者数を大幅に減らしていますが、日比谷の２００７（平成19）年の東大合格者数が28名（現浪）と、さらに大きく伸長したこともあり、２００７（平成19）年春の応募者数減とあいまって、２００８（平成20）年は受検者数が増加する可能性があります。

進学指導重点校全体では、前年比男子２０１名、女子78名と、合計２７９名の減少でした。それでも２００７（平成19）年春の進学指導重点校７校の応募者合計は、６年前と比べて約１０００名増加（男女計）しており、人気に陰りは見えません。

応募者数などの推移

①　日比谷

日比谷は進学指導重点校施策の核となる学校です。指定前から「日比谷ルネッサンス」を掲げ、学校改革を訴えていました。２００１（平成13）年には枠を５割に広げて他学区から多くの応募者を集めましたが、男子は入試当日の欠席が多く、受検倍率も低くなりました。

指定後は応募者、受検者ともに増加、男子の倍率は２００１（平成13）年→04（平成16）年で１・22倍→２・44倍に急伸、女子も２００３年には２・０倍に達しています。

【グラフ17】日比谷男子

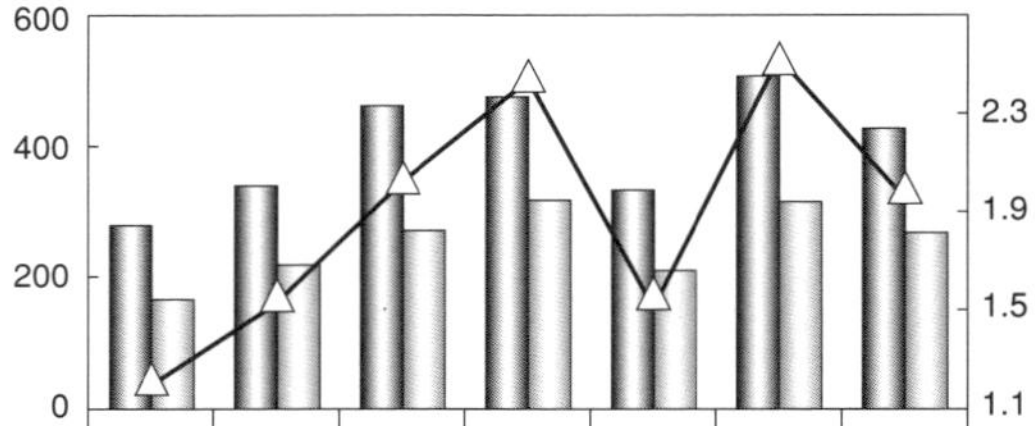

	01	02	03	04	05	06	07
応募	272	348	453	470	340	515	431
受検	166	212	275	324	206	331	270
倍率	1.22	1.56	2.05	2.44	1.55	2.51	2.03

【グラフ18】日比谷女子

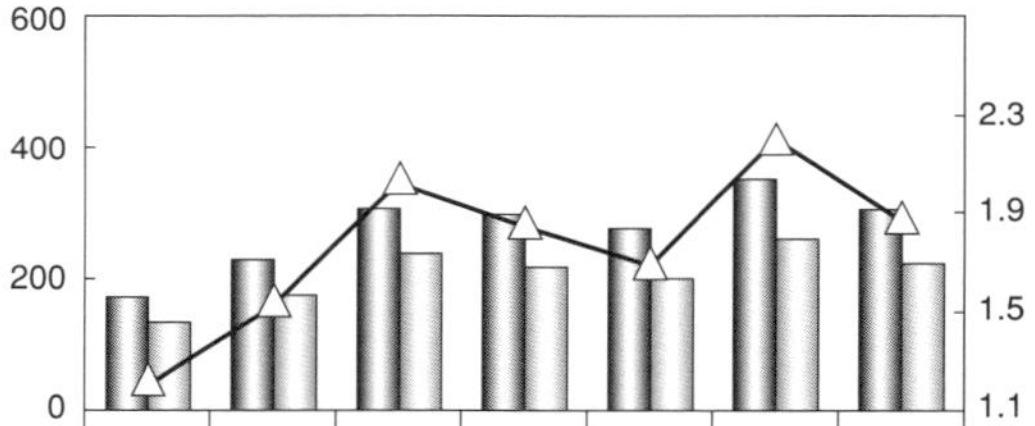

	01	02	03	04	05	06	07
応募	171	240	321	306	280	357	308
受検	142	180	240	224	202	265	226
倍率	1.20	1.53	2.00	1.85	1.67	2.17	1.87

しかし、２００５（平成17）年には前年、前々年の高倍率への反動が起こって急減しました。

２００６（平成18）年は再び反騰して男子２・51倍、女子２・17倍、不合格者数３０６名と記録的な数字を残しました。

日比谷では男女ともに１～２年周期の隔年現象が見られ、２００７（平成19）年は減少の年となっています。例年、早慶などの上位私立高校との併願者が多く、当日の受検率はやや低め（２００７〈平成19〉年は男子63％、女子73％）となっています。手続き時の辞退者も多く、これを見越して30名強の合格水増しを毎年行っています。

② 戸山

進学指導重点校に指定前の戸山は低倍率に苦しんでいました。受検者数が募集人員に届かず、2次募集を行ったことも何度かありました。指定後には倍率がいったん上昇しますが、2002（平成14）～04（平成16）年に校舎の建てかえ工事のため、校庭が全面的に使用できなくなり、部活動などに支障が出ることが予想されたため、応募者が減っています。2005（平成17）年、文部科学省のスーパー・サイエンス・ハイスクール（SSH）に選ばれ、完成した新校舎を使って説明会で宣伝し、自校作成問題解説会なども行って応募者を増やしました。3年続けて高倍率を維持しており、学力レベルもあがってきています。2007（平成19）年の受検率は男子

【グラフ19】戸山男子

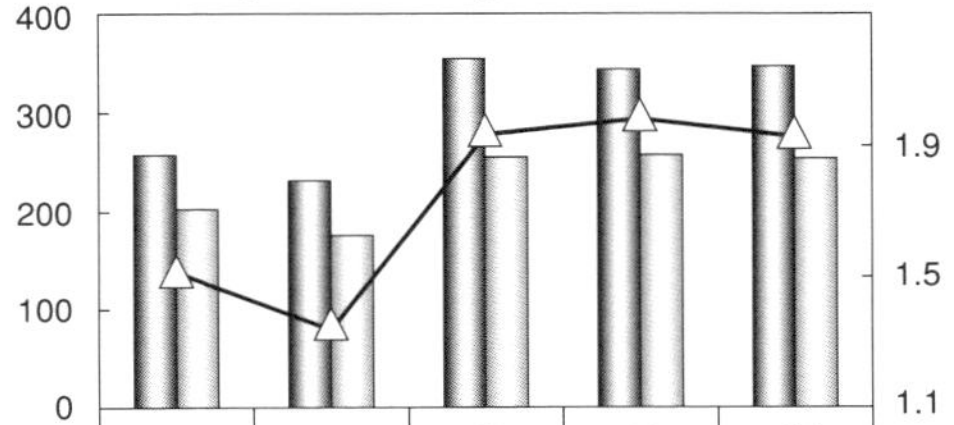

	03	04	05	06	07
応募	252	231	355	343	350
受検	203	176	257	260	255
倍率	1.51	1.32	1.95	1.97	1.92

【グラフ20】戸山女子

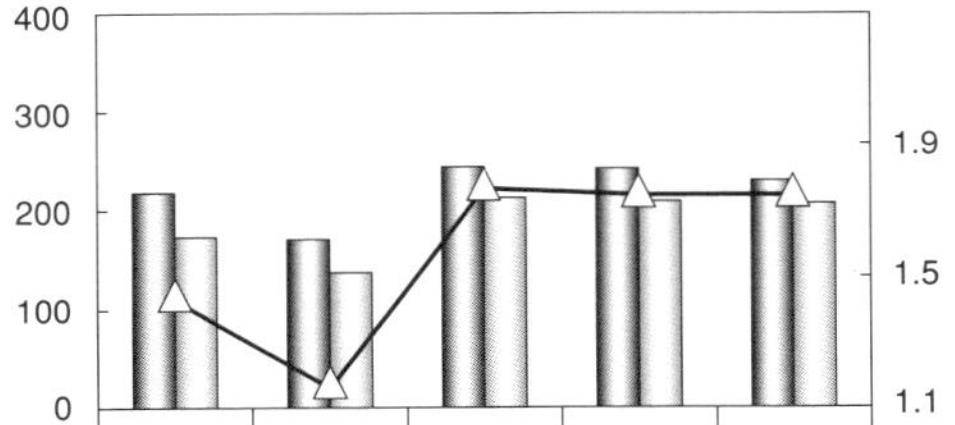

	03	04	05	06	07
応募	212	171	241	241	235
受検	175	142	211	206	205
倍率	1.46	1.18	1.74	1.70	1.71

【グラフ21】青山男子

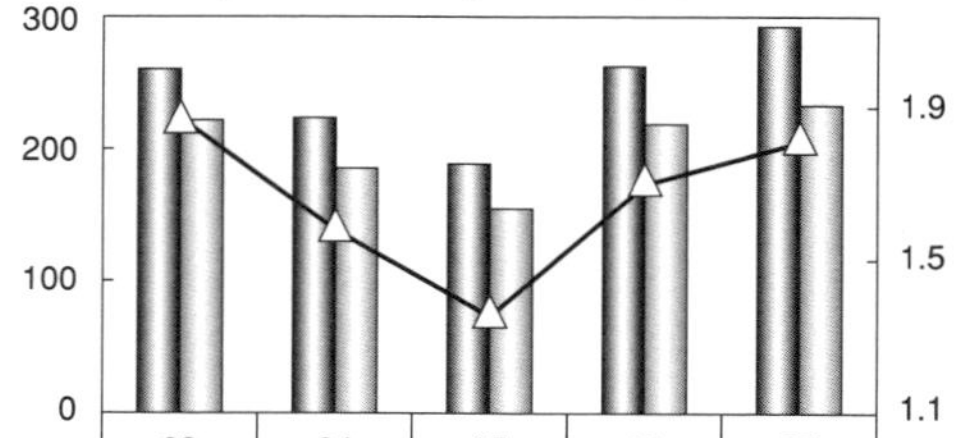

	03	04	05	06	07
応募	257	225	191	259	289
受検	221	185	162	220	235
倍率	1.89	1.59	1.24	1.69	1.79

【グラフ22】青山女子

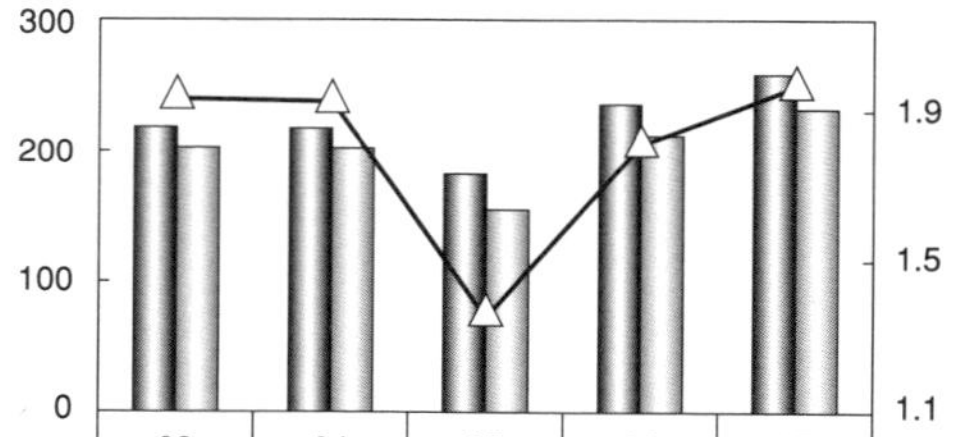

	03	04	05	06	07
応募	226	227	179	238	258
受検	204	203	161	219	235
倍率	1.94	1.92	1.35	1.83	1.97

73%、女子87%でした。水増し合格者数は男子15名、女子2名でした。

③ 青山

2005（平成17）年度の急落は、推薦枠を10%に絞ったため受検生に敬遠されたことが原因です。進学指導重点校のなかで唯一7クラス280名の募集です。一般枠を広げ、学力の高い受検生にチャンスを与えるのが学校側の狙いでしたが、初年度は裏目に出ました。しかし、翌2006（平成18）年からは回復しています。2007（平成19）年は過去5年間で最も多くの応募者、受検者が集まりました。ハイセンスな環境と自由な校風にひかれて応募する生徒が多く、指定とは関係なく人気の高い学校です。2007（平成19）年の受検率は男子81%、女子91%で、水増し数12名は全員が女子でした。

④ 西

もともと応募者がそれほど多くはない学校でしたが、進学指導重点校に指定されてからは、上位私立校との併願者がぐんと増え、とくに男子の倍率が急上昇しました。しかし、その後隔年現象に陥り、２００７（平成19）年は男子の受検者が前年比マイナス60名と大幅に落ちこみました。応募者数は男女ともに過去5年間で最低でしたが、受検者の学力は最高レベルを維持しており、激戦に変わりありません。２００７（平成19）年の受検率は男子67％、女子71％で、水増し合格数は35名（男子22名、女子13名）でした。

【グラフ23】西男子

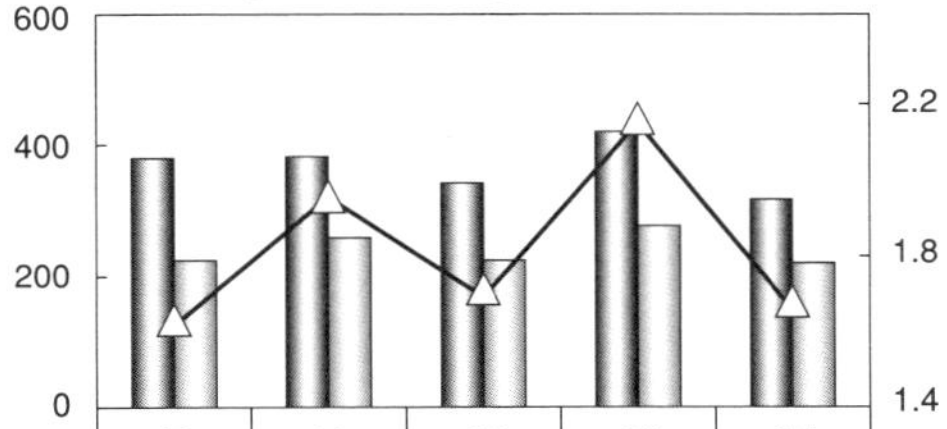

	03	04	05	06	07
応募	379	386	357	416	328
受検	223	265	225	281	221
倍率	1.66	1.99	1.70	2.13	1.66

【グラフ24】西女子

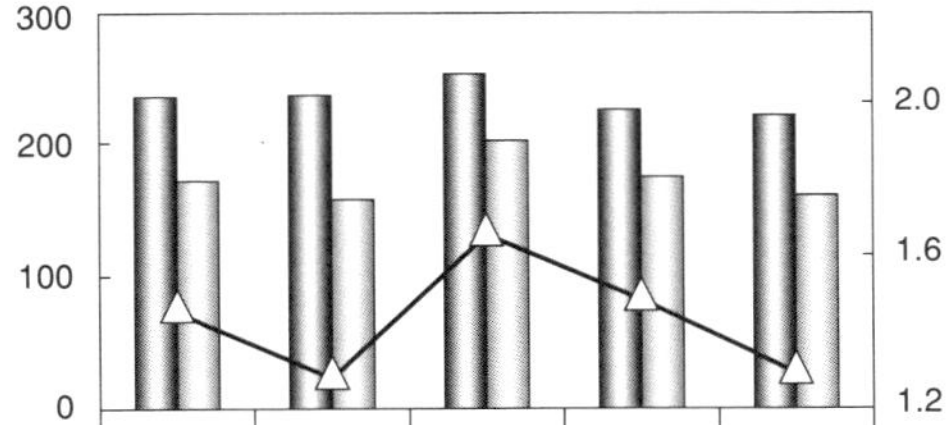

	03	04	05	06	07
応募	237	238	259	226	225
受検	172	158	201	175	159
倍率	1.43	1.32	1.66	1.45	1.33

⑤ 八王子東

併願する私立高校が少ない地域のため、学力レベルは高いにもかかわらず、倍

【グラフ25】八王子東男子

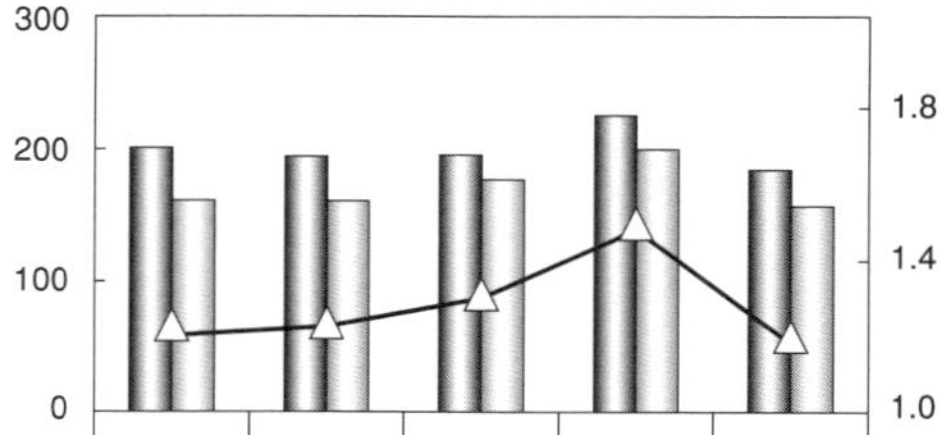

	03	04	05	06	07
応募	202	195	197	223	183
受検	167	169	177	200	164
倍率	1.25	1.27	1.34	1.52	1.23

【グラフ26】八王子東女子

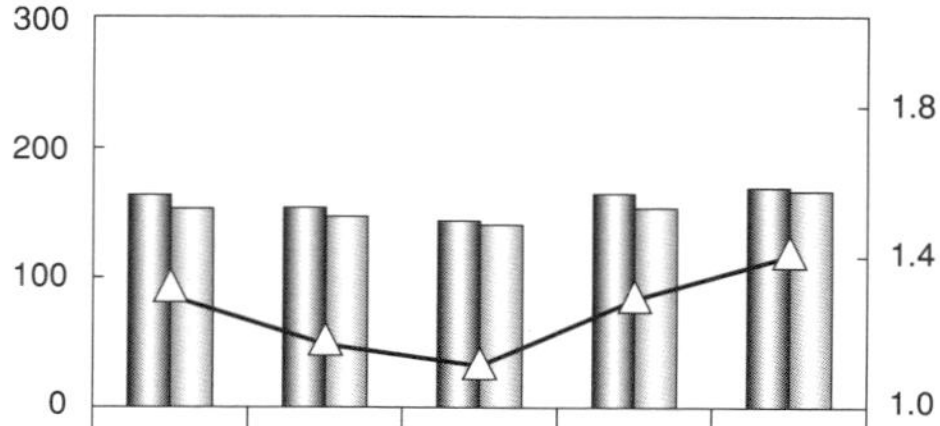

	03	04	05	06	07
応募	168	158	147	168	173
受検	158	150	143	156	169
倍率	1.32	1.25	1.18	1.29	1.41

率は高くならない学校です。２００６（平成18）年の男子はやや集まりすぎで、２００７（平成19）年、男子の応募者が減ったのはその反動とみるのが妥当といえるでしょう。女子は逆に応募者、受検者ともに過去5年間で最高でした。受検率は男子90％、女子98％と２００７（平成19）年も高水準でした。水増し合格数は男子1名、女子10名です。

⑥ 立川

２００２（平成14）年に進学指導重点準備校に指定され高倍率となりましたが、２００４（平成16）年、自校作成問題を導入したところで応募者が減少してしまいました。その後、緩やかに回復していましたが、２００７（平成19）年は男女ともに低下しています。応募者数、倍率ともに２００３（平成15）年のレベルまで戻っていません。２００７（平成19）年の受検率は男子88％、女子93％で、水増し数は男子７名、女子５名です。

⑦ 国立《くにたち》

【グラフ27】立川男子

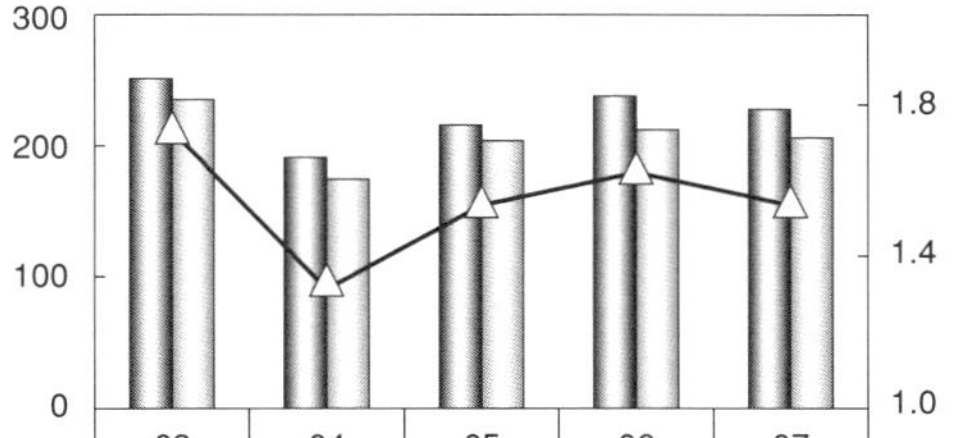

	03	04	05	06	07
応募	248	193	219	244	234
受検	230	175	205	218	206
倍率	1.72	1.32	1.55	1.65	1.55

【グラフ28】立川女子

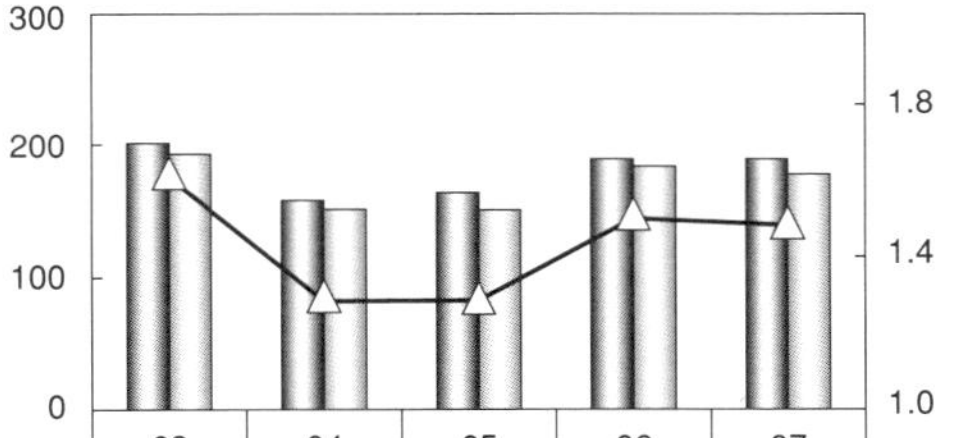

	03	04	05	06	07
応募	201	156	163	187	189
受検	193	152	152	181	176
倍率	1.61	1.27	1.26	1.50	1.47

大学への進学実績からは、真っ先に進学指導重点校に指定されてもよい学校でしたが、学校内の体制が整わずに、２００２（平成14）年秋、青山、立川とともに進学指導重点準備校としてスタートしました。２００３（平成15）年からは推薦枠を10％に絞りましたが、女子は10倍を超えてしまいました。第１志望者を

【グラフ29】国立男子

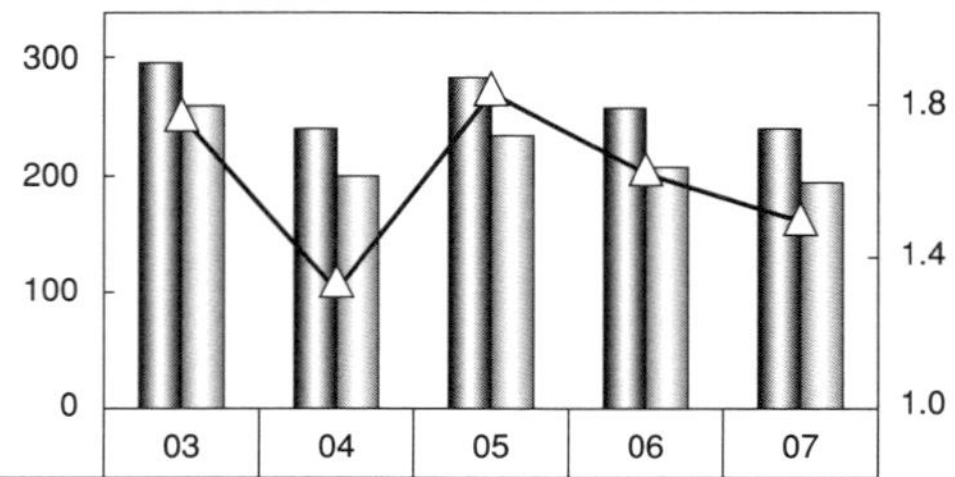

	03	04	05	06	07
応募	297	244	284	261	244
受検	263	200	237	211	195
倍率	1.74	1.33	1.80	1.60	1.47

【グラフ30】国立女子

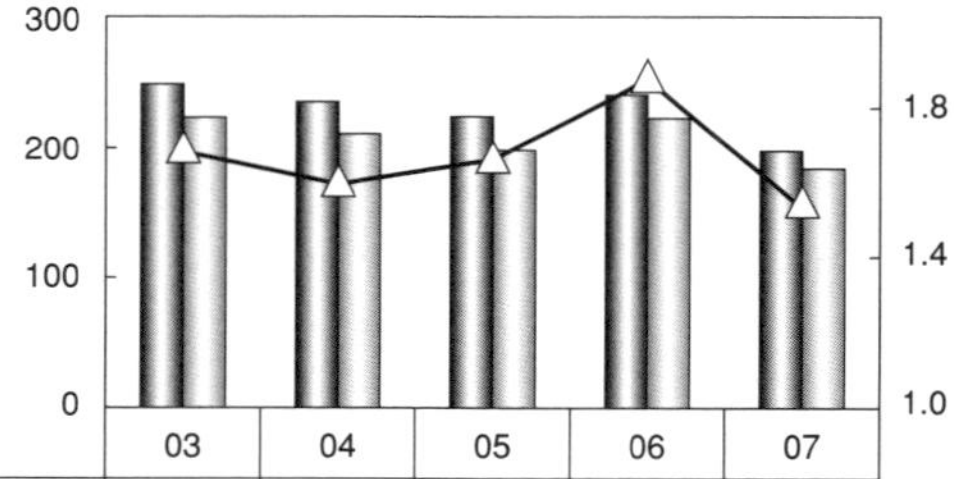

	03	04	05	06	07
応募	248	237	228	244	198
受検	226	213	199	225	184
倍率	1.67	1.58	1.64	1.86	1.53

より多く入学させたいという観点により、小論文を工夫することにして推薦枠を2005（平成17）年から20%に戻しています。

男子の落ちこみがめだった2004（平成16）年は自校作成校になった年でした。2005（平成17）年に回復しましたが、その後2年続けて応募者を減らしています。女子の倍率は2006（平成18）年がピークでした。2007（平成19）年はその反動から倍率が大幅にダウンしました。

ただし、2006（平成18）年12月の志望校調査では女子の志望者が278名と昨年より10名多くなっています。その後、上位私立高校などへの進学が決まった生徒が出願しなかった模様です。受検率は男子が80%、女子が93%で、水増し数は男女それぞれ9名でした。

第2部　校長先生に聞く

第1部では、東京都立高校が行っている学校改革の現状について、とくに新しいタイプの学校にスポットをあて、その現状と展望を難関大学への進学状況なども捉えながら、話を進めてきました。

第2部では、それらの学校のうち、進学指導重点校7校と進学指導重視型単位制高校3校を取り上げて各校長先生にインタビューを試みました。単位制3校のうち新宿と国分寺は、2007年6月に「進学指導特別推進校」に、墨田川は「進学指導推進校」に指定され、さらに注目を集めています。

これら10校の学校は、それぞれが、独自の色を強めながら学校改革に取り組んでいます。各校長先生が考えている教育改革や入試改革について、さらには、入学してほしい生徒像まで、直截《ちょくせつ》に、そしてざっくばらんに語っていただきました。

Ⅰ章　進学指導重点校

東京都立青山高等学校

志は高く
常に目標に向け歩み続ける生徒のために
最高の教育を提供する

岩崎充益《みつます》　校長先生

school DATA

■1940年に創立し、1958年に現在地に移転。1999年には創立60周年、定時制設置40周年記念式典挙行。
■東京都渋谷区神宮前２－１－８。地下鉄銀座線「外苑前」より徒歩３分。JR中央・総武線「信濃町」または「千駄ヶ谷」徒歩15分。全日制生徒数男子421名、女子436名。
tel：03－3404－7801

国公立大学をめざす進学校として、進路指導の充実が図られている東京都立青山高等学校は、「授業で勝負」をモットーに「入《はい》れる大学ではなく、〝入《はい》りたい大学〟へ！」という指針を打ち出し、補習・補講の講座がさらに増設されています。また、「青山フィルハーモニー」や「外苑祭」など特色ある学校行事や部活動にも積極的に取り組み、自主自律の精神と豊かな情操を育てています。新たな「共有理念」を打ち出して青高を前進させる岩崎充益校長先生にお話をうかがいました。

「高きを望め、青山で」がキャッチフレーズ

――御校の沿革と教育方針・教育目標についてお話しください。

【岩崎先生】 １９４０（昭和15）年に東京府立第十五中学校として、東京市赤坂区青山北町旧青山師範跡に開校されました。１９４８（昭和23）年に学制改正により東京都立青山高等学校となり、１９５８（昭和33）年に現在地に移転しました。

教育方針としては「国公立大学を目指す進学校」と同時に知徳体のバランスのとれた全人教育をめざしています。「高きを望め、青山で」という伝統の言葉は継承していきたいと思っ

ハイセンスな環境にある青山高校。アクセス面も非常に便利だ

ております。

本校では「育てたい生徒像」へ収束する5つのコアを掲げています。①「身体」は「忍耐力、精神力、心身の自己管理力、危険回避能力」です。②「社会性」は「他人に対する洞察力、人の話を聴き、自分の意見を伝えるコミュニケーション能力、公共心、道徳心」です。③「個性」は「他との交わりの中で自分自身を刻み出す力」です。④「情操」は「美・自然・他者を感じる力」です。⑤「知性」は「それ以前の〝知識人〟あるいは〝知識〟を疑い、本質を求める知力」です。これらが総合された生徒を本校は育てたいと考えています。

——進学指導重点校に指定されたことにつ

いてどのようにお考えでしょうか。

【岩崎先生】 教育公務員は公僕ですので、あくまでもサービスを徹底すべきです。進学指導重点校は都民の期待に応えるということで、生徒が希望する大学に入れてあげること、そして、できるだけ学校をオープンにして、本校のありのままの姿を見せることがサービスだと思っています。進学指導重点校になって、やはり進路実績が大切です。本校ではほとんどの生徒がセンター試験を受験しており、その得点平均を全国平均より15％以上高くするという目標を定めています。

東大に合格させるためには、教員が研修を受けて、生徒にある程度アドバイスできるようにしておかなければなりません。このような教員向けの研修会も増やしています。生徒も教師もともに意識を高めていくということでは、数学者による講演会なども開いています。これには一流のものに接するという狙いもあります。

――カリキュラムについてご説明ください。

【岩崎先生】 本校は3学期制で50分授業を行っています。金曜日の7・8時間目に自由選択科目の「ドイツ語」「フランス語」などの授業があります。土曜日は4時間授業で、21週行います。また、行事のある日も授業を行います。

センター試験対応ということで1年生から3年生まで全科目必「履修」・必「修得」です。ドイツ語、フランス語をとった場合も落とすと進級できません。これを「青山教養主義」と呼んでいます。3年生になってA型、B型に分かれます。A型は主として理科系進学希望者です。B型は主として文科系、芸術系、体育系などの進学希望者です。

補習・補講の講座を増設

――御校が土曜日を最初に開放して「土曜日授業」を実践してこられました。

【岩崎先生】 現在も「長期休業日等の弾力的運用の試行校」として認められた範囲内で実施しています。午前中に4時間授業、午後は補習あるいは部活動になっています。土曜日にだけ特別に設置した講座もあります。たとえば、東大をめざす講座などは土曜日を中心とし、平日にも設置しています。

土曜日以外にもいろいろあります。ベーシックとアドバンスに分けて、補習・補講の講座数を増やしました。2007(平成19)年度の講座予定数は160で、延べ3000〜3500人の受講を見込んでいます。2006(平成18)年度には年間約145講座、受講者2600人ですから、それだけ生徒の希望が多くなっているということです。

――長期休業中の講習も特別に設定されておられますか。

【岩崎先生】 7月下旬など、ある一定の週は部活より補習の重点期間です。1年生から3年生までの講座があり、誰でも自分に合ったものを取ることができます。夏だけで60を超える講座があり、「東大・一橋コース」のほか、「センター入試入門」、「やさしい入門英語」、「古文基礎講座」など、きめ細かく設置しています。これらを受講することで、夏の間に、より実践的にきたえたり、遅れを取り戻すことができるのです。冬期・春期の補習もあります。

また、専任の教員がいない科目や時間割の都合で選択できない科目などは、希望によりサテライトビデオ講習を行っています。

――習熟度別授業はどのような形で行われていますか。

【岩崎先生】 2年生の数学と3年生文系の英語を習熟度別授業にしています。来年は数学を1年生から習熟度別にしたいと考えて、働きかけをし、実現に動いているところです。文系に強い生徒は多いのですが、理系にも強い生徒を育てたいのです。入学時から数学の力に少し差があるので、できる生徒は1年次からどんどん伸ばしていき、進度のゆっくりした生徒も面倒を見るという授業を検討しています。定時制が2007（平成19）年度で終わりますので、教室が空き、実現できることになりました。

進路部が「進路・進学」指導の中心になっている

――御校には進路部という進路指導を担当する部署がありますね。

【岩崎先生】 なぜこの3年間でこれだけ実績をあげているかといえば、進路部が中心となって学年の足並みを揃え、進路指導を組織化したことが大きいのです。いままで学年中心主義のようなところがありましたが、いまでは進路部を充実させたことで、一本の柱ができています。

さらに、私は今年から全教職員のベクトルを一致させるために、「共有理念」というものを提示しています。いままでは勉強より部活動に力を入れようという雰囲気があり、またMARCH、早慶に入れればよいという雰囲気もありましたので、学力にベクトルを集中させ、部活動と勉強のバランスがとれた生活、また、行事が終わったらすぐに切り替えるなどメリハリのある生活を意識させました。

シラバスの充実も図り、高校の全生徒に配っていますし、ホームページでも見られるようになっています。その内容もかなりていねいにできています。

――キャリア教育や面談についてお話しください。

ＩＴへの取り組みも充実している

【岩崎先生】 キャリア教育は、１年次から「総合的な学習の時間」のなかで実施しています。それから、進路部の行事として進路講演会や進路懇談会を開いたり、教員自らアドバイスする機会も設けています。また高大連携で、大学の先生をお招きして授業をしていただきます。さらに、本校のアクセスが大変便利という立地も生かして、各大学のオープンキャンパスに2年生全員を参加させています。これらの機会をとおしていろいろな大学を知り、さまざまな職業とその実際を知っていくのです。

面談は年2回、あるいは3回、綿密に計画しています。希望する場合は三者面談も行っています。進路部が保護者会で進路ガイダンスのような形で情報提供したのち、クラスに帰って担任と懇談します。また、ＰＴＡと共催で保護者のための進路研修会も実施しています。情報提供の場としては予備校の先生などを呼んで話を聞いたり、東大特訓クラスを持つ学校の校長先生に入っていただいたシンポジウムなども考えています。

――大学への合格実績についてご説明ください。

【岩崎先生】 ２００７（平成19）年度合格実績は、国公立大72名、早稲田大78名、慶應大21名、上智大23名、東京理科大22名などです。なお本校の実績を進学率で見てみると、現役合格率は75％で、進学指導重点校７校中一番高い数字ですが、医学部希望者が３人ぐらい入っています。現役合格者の４人に１人は国公立大で、２人に１人は国公立・早慶、上智に進学しています。73％はＭＡＲＣＨ以上、ＩＣＵや理科大も含めると80％近くなりました。だんだん医学部系を志望する生徒が増えてきました。

皆に知られる「青フィル」と「外苑祭」

――御校の管弦楽団、「青山フィルハーモニー」は有名ですね。

【岩崎先生】 いまは１４８名という大所帯です。行事のたびに演奏しており、非常に力を入れています。伝統あるクラブであり、「青フィル」で演奏したいから入学するという生徒もいるくらいです。

運動部では、サッカー部が都大会に出場しています。1年生の意識調査を見ると、サッカーをしたいから青山に来た、ラグビーをしたいから青山を選んだという生徒がいます。そうした生徒のために、補習の工夫もしています。「サッカー部英語補習」などの名称で補習を設けています。昨年のデータを見ると、クラブを続けている生徒も難度の高い大学に合格しています。

時間の使い方が非常に大切で、午後5時にクラブを終えたら、すぐ自習室に入るという切り替えもよくできています。

本校では、自習室として教室以外につねに勉強できる部屋を用意しています。現在は社会科用の部屋を使っています。午後7時まで開放しています。

――いわゆる文化祭の「外苑祭」にはたくさんのかたが来られるようですね。

【岩崎先生】「外苑祭」は2日間で6000人ぐらい集まります。見学に来て、演劇に参加したいということもあるようですが、「こんなにすごいことができる学校に行きたい」という生徒が多いのです。

芸術に秀でる高校のため、音楽室も抜群の環境

1学年7クラスですが、3年生までの全21クラスがミュージカルや演劇をつくりあげる過程で、クラスごとにまとまり、共同作業のなかで社会性を身につけるということでいうと、「外苑祭」も非常に重要な位置を占めています。ハイレベルなミュージカルを自分たちで演出しますから、自信になるのです。

——「青山セミナー」についてご説明ください。

【岩崎先生】 秋に実施する「青山セミナー」は、いままで「箱根セミナー」と言っていましたが、名称を変更しました。1年生を対象に10月25日から27日まで実施しています。このセミナーは、大変重要な位置を占めており、ディベートをはじめ、さまざまな形でディスカッションを行います。自分で本を読み、勉強し、正しい日本語で意思表明をしなければなりません。プレゼンテーション能力を養い、本当の教養を身につけるのです。５つ程度のテーマを選択しますが、２００７（平成19）年からそのうちのひとつに環境問題を入れることにしました。２日目には富士山を清掃します。

生徒や保護者らに「青高通信」を発信

――先生がおつくりになっている「青高通信」の活用によって学校・家庭・生徒の連携がとれているとお聞きしました。

【岩崎先生】 始業式などで話す機会はありますが、私はできるだけ自分から生徒に働きかけたいと考えていますので、「青高通信」で私の教育理念を語り、ホームページにも掲載していますので、生徒、保護者、そして中学生にも読まれています。現在（２００７年７月）、第７号まで発行されており、全生徒、同窓会にも配布しています。

本校には同窓会のほかに後援会もあり、資金面でも支えていただいています。ＰＴＡも協力的です。本校ほどバックアップ体制ができている学校はありません。これは本当に誇りで

全天候型の室内プール

す。競いあって助けていただいており、ありがたく思っています。

——学校では生徒の悩みをどこで受け止めていますか。

【岩崎先生】いまは保健室で生徒の悩みを聞いています。できれば、カウンセラーをおいた部屋、たとえば教育相談室などをつくりたいと思っています。しかし、身近な担任とのコミュニケーションが一番大事でしょう。面談のなかで進路だけではなく、生徒の悩みの芽を見つけてケアしていきます。

——御校のトイレは雨水利用とありますが、これはどういうものですか。

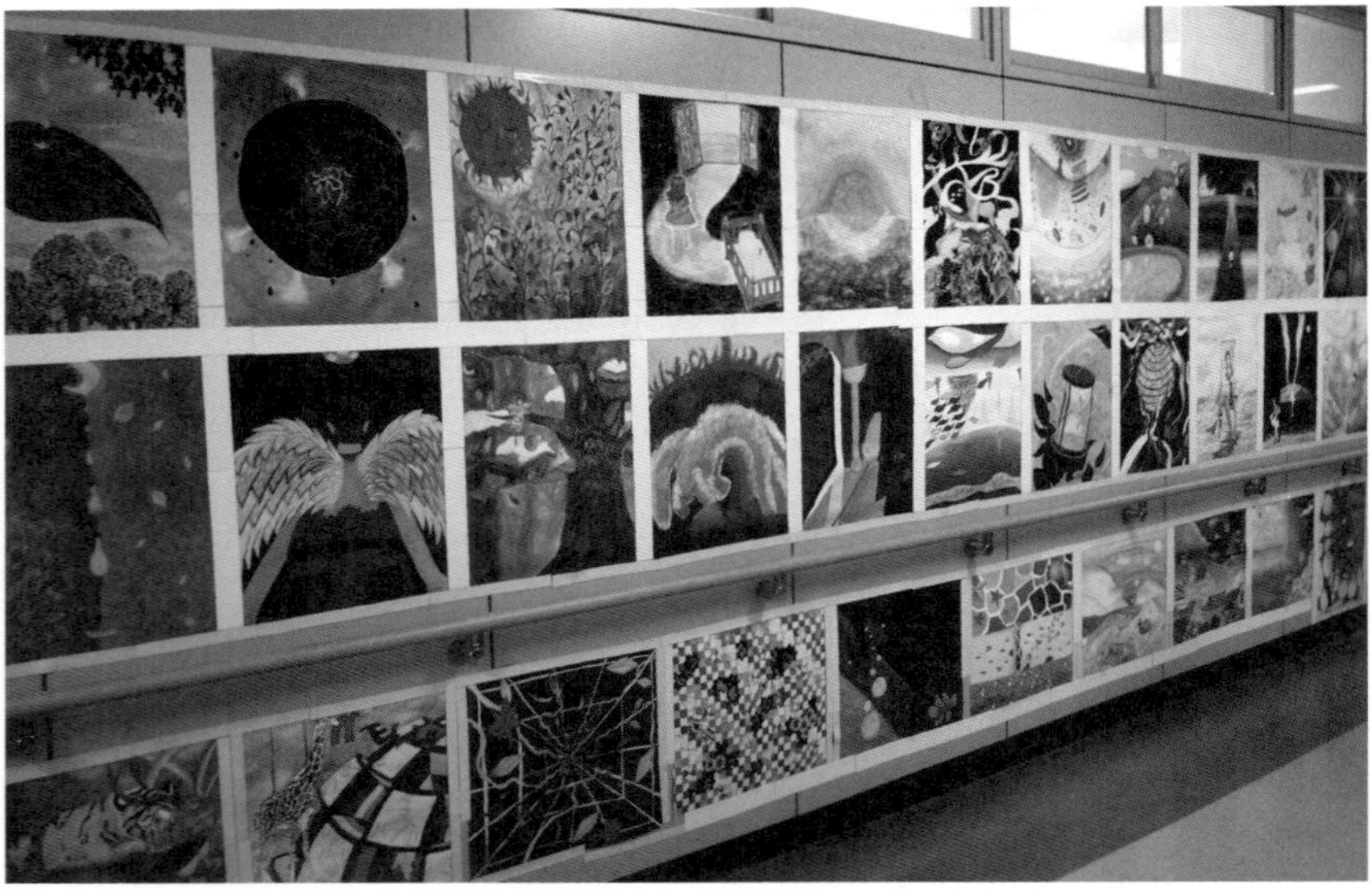
生徒の作品。絵画など、アートな一面が色濃い

【岩崎先生】雨水を貯めて水洗に利用するものです。本校は環境教育に力を入れており、ごみについても、昨年から「ごみゼロ」を導入しています。ごみは生徒が各自持ち帰ることになっています。生徒は学校で「生活」をしていますので、ゼロは無理ですが、教室には小さなごみ箱しか備えておらず、昼食の容器やペットボトルなども各自が家庭に持ち帰るのです。地球を考えようということです。

――御校の自校作成問題についてご説明ください。

【岩崎先生】社会と理科は都教委作成の共通問題です。国語は、「国語を正確に理解し、国語で適切に表現する能力をみるとともに、思考力や想像力を総合的にみる」としています。数学は「数量、図形などに関する基本的な事項についての知識・理解をみるとともに、数学的な見方・考え方や表現・処理に関する能力をみる」ためのもので、英語は「英語について理解と表現の両面にわたって、コミュニケーションを図るための基礎的・基本的な能力をみる」というように狙いを定めています。

2006（平成18）年度の数学はかなり難しかったようですが、それでも100点がいました。英語も難しく、平均点が低くなっています。2007（平成19）年度も傾向や難易度は変わっていません。

――今後、どのような生徒さんに来てほしいですか。

【岩崎先生】 中学校時代に部活や行事、ボランティアなどに力を発揮した生徒に来てほしいと思います。そして、あえて学力で見たいと思っています。推薦（推薦に基づく選抜）では全体の1割しか入学できませんので、昨年の数字は約11倍と高倍率ですが、まず推薦に挑戦してもらって、その後は過去問などを研究して学力で、一般入試をぜひ受検してください。

東京都立国立高等学校

学習・部活動・学校行事すべてを やりぬくことをめざす

塚越博　校長先生

school DATA

■1940年東京府立第19中学校として創立。
2000年に創立60周年記念式典を行う。

■東京都国立市東４－25－１。JR線「国立」徒歩15分、「谷保」徒歩10分。生徒数男子492名、女子477名。

tel：042－575－0126

国公立大学への進学を志望する生徒が9割という東京都立国立《くにたち》高等学校。都立高校のなかでもトップレベルの難関大学合格実績を示しています。「全部やる。みんなでやる」をキャッチフレーズに、生徒たちの活発な活動が校内にあふれています。多くの生徒が参加する「第九演奏会」は２００７（平成19）年４月で第31回になりました。「授業で勝負」を掲げ、進路・進学指導のカリキュラムも充実している東京都立国立高等学校の塚越博校長先生にお話をうかがいました。

キャッチフレーズは「全部やる。みんなでやる」

――国立《くにたち》高校の沿革と校訓についてお話しください。

【塚越先生】 本校は、１９４０（昭和15）年に東京府立第19中学校として開校しました。そして１９４１（昭和16）年に東京府立国立中学校、１９４３（昭和18）年に東京都立国立中学校、１９４８（昭和23）年には東京都立国立新制高等学校へと改称されました。１９５０（昭和25）年に男女共学制が実施され、２００７（平成19）年で67年目になります。

校訓は「清く、正しく、朗らかに」です。私が最初に見たとき、ずいぶん優しい校訓だな

緑豊かな正門前を抜けると、目の前に校舎が現れる

と思ったのですが、本校に入って生活してみますと、生徒がそのように育っているということがわかってきました。本校のキャッチフレーズは「全部やる。みんなでやる」ですが、「で」を小さくしています。国立高校に入った以上、勉強はもちろん部活動や行事もみんなやっていこう、これらをみんなでやっていこうということで「で」を小さくしました。「みんな＝すべてのこと」を「みんな＝全員」で一生懸命取り組んでいこうということです。

国立高校といえば、１９８０（昭和55）年の夏に野球部が甲子園に出場したことが印象に残っていると思います。甲子園に出られたことは単なる偶然ではなく、本校が授業とともに部活動や行事を大切にしてき

広い校地内には緑がふんだんに配されている

たことの証しであると思っています。

――御校は、２００３（平成15）年に進学指導重点校に指定されましたが、それによりどのような変化がありましたか。

【塚越先生】 一番のちがいは、いままで進学指導や教科指導などで教員が個人として生徒に行ってきたことを、組織として取り組むようになったことだと思います。たとえば「進路指導部」を独立させたことなどがひとつの例です。

教員のための研修も進路指導部で実施していますし、生徒に対しては6月に進路講演会を行います。社会で活躍している先輩に来ていただいて、1～2年生に向けて高校時代のこと、社会に出てからのことを話してもらっています。このとき、3年生には大学生の先輩がたを呼び、進路別に懇談会を開いています。さらに、2年生が進路をにらんだ科目選択をする12

月ごろに「進路アドバイスの会」を開き、大学生の先輩を20名ほど招いて、進路について直接相談できる機会を設けています。これらを積極的に活用しています。

また、本校でも生徒の成績データを活用し、進路指導に役立てています。どのくらいの成績でどのレベルの大学に受かる率が多くなっているかなどの解析を行い、「進路指導データ集」として生徒に渡しています。そのような活動の中心になっているのが進路指導部です。

「授業で勝負」がスローガン

――教科指導について具体的にどのように取り組んでいますか。

【塚越先生】 本校は進学指導重点校として「授業で勝負」をスローガンにしています。授業を一番大切に考えているのです。授業は、生徒と先生でつくりあげるものとの共通理解をつくってあります。

本校は全生徒の9割が国公立大学への進学を志望しています。そのため、それに適した教育課程を編成して、週に33時間・50分授業を行っています。1~2年生の選択科目は芸術だけです。すべての教科を勉強していこうというカリキュラムを組んでいます。その狙いは受験に必要な科目だけではなく、教養的な部分も含めて広く勉強をしていくということです。

快適に過ごせるよう、生徒自身の手できれいに保たれている図書館

ですから、1～2年生では文系と理系とに分けていません。3年生になるときに進路希望に合ったカリキュラムを個別に組めるようにしています。必履修の国語は、理系の国語と文系の国語に分けて講座を開いています。自由選択は18単位まで取れるようにしていますので、69講座のなかから選んで自分の時間割をつくっていきます。自由選択科目にはそれぞれ特徴があり、たとえば、数学の場合、数Ⅲは大学受験に必要ないけれど、数Ⅱまではしっかり勉強したいといった生徒の希望なども叶えています。外部模試も年2回あるいは3回実施しています。

――御校は2期制にされていますが、2

期制を採用された理由をお話しください。

【塚越先生】 授業時間数を均一に増やすことが目的です。本校では定期試験を4回行っています。前期は、9月で終わるのが一般的ですが、本校は10月の後半まで続きます。授業の進度を保つためには、それぞれのクラスですべての科目について同じ割合で時間数を確保しなければ、試験範囲は一番時間数の少ないクラスに合わせることになります。それでは授業が遅れてしまいますので、試験までの授業時数はどの曜日のどの時間も6～8コマ、最低でもかならず6コマできるようにしています。ですから、授業時間を確保するため、行事の多い前期は10月の2週目くらいで試験を行っています。

――土曜授業はどのようになさっていますか。

【塚越先生】 2004（平成16）年の後期から「長期休業日等の弾力的運用試行校」になりました。2006（平成18）年は夏休みを7月18日からにして、土曜日を行事に使い、学校見学会や学校説明会などのときに授業を見ていただいたりしています。また、授業参観も含めてPTAの会合を土曜日に開きますと保護者のかたも集まりやすく好評をいただいています。

土曜日の授業は月に2回程度行っています。2005（平成17）年は22回、2006（平成18）年は21回です。ただ、21回や22回ですと、授業時数としては少ないのです。そこで、水曜日の4時間目を空けておいて、そこに土曜日の授業を1時間1回ずつを入れ、ほかの曜日と同じ授業時数を確保できるように工夫しています。

――習熟度別授業を実施されていますね。

【塚越先生】 おもに2年生の数学Bで行っています。1クラスを発展内容まであつかうクラスと基本のクラスのふたつに分けています。こうすることで、少人数での授業が可能となり、生徒一人ひとりに対してきめ細かい指導が実現できるのです。

習熟度別ではありませんが、3年生は英語リーディングの授業5単位中2単位で、1クラス2展開を少人数で行っています。人数が半分になりますと、授業がより効率よく運ぶため、生徒の理解がより深くなります。

ゆったりとしたスペースの「自習室」

――御校は、自習室をじょうずに活用しているとお聞きしました。

【塚越先生】 自習室は135㎡で冷暖房があります。基本的には鍵をかけずに、生徒がいつでも勉強できるようにしています。使用時間は午前7時40分から、午後6時か6時30分の下校

広くきれいな自習室。3年生を中心に多くの生徒が集まり自習に励む

時刻までとなっています。ゆったりとしたスペースで勉強ができますので、多くの生徒が利用しています。図書館や自分のHR教室で勉強している生徒もいます。生徒たちには個人個人で勉強のスタイルがあるようですが、まわりが勉強していると、自分も勉強しようという気持ちになるようです。「受験は団体戦だ」ということです。みなが勉強しているなかで、エネルギーをもらい、同時に与えているということでしょう。

試験1週間前には「サポートティーチャー」がやってきます。3階の大きな会議室をおもに使用してPTAや後援会組織のかたがお世話してくださり、本校の卒業生何人かが勉強を教えています。生徒は落ち着いた雰囲気のなかで勉強し、わからないと

最先端の設備も整っている

ころができると、部屋の前方にいるサポートティーチャーに質問に行きます。気軽に質問できる点がよいようです。身近な卒業生の先輩がたから、この科目はこういうところをポイントに勉強していくといいよ、というような試験のアドバイスをしてもらえることも好評です。

――御校は、国公立大172名合格のうち、東大に16名が合格されるという、都立高校のなかでもトップレベルの進学実績をあげています。この実績についてどのように思われますか。

【塚越先生】 生徒たちががんばった結果ですが、進路に対する意識が変化していることも影響しています。もちろん、「進路指導部」

図書室にも自習できるだけのゆとりあるスペースがある

の役割も大きいと思います。授業の面では、たとえば数学科は数A、数B、数I、数IIを共通問題にしています。このような先生がたの意識の変化もあります。

また、生徒や保護者の意識も変わってきていますね。2006（平成18）年卒業生は、進学指導重点準備校のときに入ってきた生徒ですが、進学者などの割合もその前までの年に比べて10％伸びてきています。現役で大学へ合格した生徒は、これまでは64・5％だったのですが、2006（平成18）年は75％になりました。大学へ進学した割合はこれまでは51・2％だったのですが、2006（平成18）年は64％の生徒が進学していきました。2007（平成19）年も同様な結果でした。この数字は生徒の進学に対する意識のちがいが出てきた、ということの表れだと考えています。

――夏期講習のカリキュラムについてご説明ください。

【塚越先生】 年度によって異なりますが、2006(平成18)年は50講座ほど実施しました。3日間から5日間くらいがひとつの単位になっています。3年生を中心に行っていたのですが、2006(平成18)年から1~2年生にも開講しています。夏休みを早く始めますので、7月22日くらいまで集中的に講習をやって、あとは3年生を対象とした講座になります。

すでに30回を数える「第九演奏会」

――御校では第九演奏会や国高祭《くにこうさい》が有名ですね。

【塚越先生】 2007(平成19)年は4月27日に第31回となる第九演奏会を行いました。日本フィルハーモニー、プロの指揮者、4名のソリストといっしょに2~3年生の約7割の生徒が舞台にあがって歌いました。半年以上の練習を経て、演奏します。第九を歌いたいために本校に入学してくる生徒もいるほどで、とても感動的な演奏会です。

国高祭は、生徒会と国高祭実行委員会が中心となり、生徒全員でつくりあげる行事です。

9月の上旬に行っていますが、文化祭と体育祭の両方があります。体育祭の中心は、1年生の応援団が東軍と西軍に分かれて行う応援合戦です。2年生が団長団という10数名のグループをつくって1年生を指導していきます。団長団は毎年秋に結成して来年の準備に入っていきますが、4月に新入生を迎えると、1年生を指導していきます。

文化祭の中心は3年生の演劇です。この劇も1年がかりで準備をします。自分たちでつくった台本をもとに、キャストを選んでいき、主役をやりたい生徒が何人かいた場合にはオーディションを行うなど、かなり本格的なものになっています。外装の担当は、教室や廊下の壁面に自分たちが演じるものを表現します。2005（平成17）年はプラスチックのコップを1万個くらいもらってきて、龍のうろこを完成させたクラスもありました。

ところが、劇を観るのが大変なのです。1日4回公演、1回92人の定員に対して、観劇希望者が多いものですから、切符が手に入りにくいのです。観ることができれば、どのクラスの劇もすばらしく、感動的であり、汗と涙をふくタオルが必需品になります。文化祭2日間でお客さんが1万人以上来ます。それだけに、生徒はやりがいもあると思います。

――進学指導重点校として入試には自校作成問題を出されています。その特徴をお話しください。

実際に体験することも重要

【塚越先生】「書かせる」「考えさせる」「創造力を求める」など、かなり工夫して問題作成にあたっています。大切なことは基礎・基本をしっかり学習して、身につけることです。そのうえで問題を解いて応用力をつけていくことです。ふたつ3つを組み合わせて正解にたどりつく問題などは苦手な生徒が多いようです。

共通入試問題ですと、合格するためには8〜9割の正解が必要ということになってしまいます。そうするとミスをした生徒が、試験で失敗してしまうという結果になります。平均点を6割くらいにおいて、受検生の持っている本来の力を測れる問題を出題していきたいと思っています。

中学校の段階で、受験勉強ということで

はなくて、集中して学習する習慣をつける基礎・基本の勉強を積み重ねていく、あるいは普段からよく本を読んでおくとか、ものごとをよく考えておくなどということが大切になってくると思います。

高校への受検で大切なのは結果よりもプロセス

――受検生たちへのアドバイスをお願いします。

【塚越先生】 高校受検というのは人生のなかで乗り越えなければならないひとつの壁だと思っています。結果はもちろん大切ですが、それと同じくらい大切なのは、なにを身につけていくかというプロセスだと思っています。具体的には、集中力が身についたとか、机に1~2時間向かって勉強する習慣が身についたとか、自分に自信がついたとか、勉強することは大変だけれど楽しいということがわかったなどということが、高校へ入ってからも大きく伸びていくための土台になります。

学力には、目に見える学力（注：測定できるもの）と見えにくい学力（注：測定が難しいもの）があります。その両方を伸ばすために、本校では授業をしっかり行い、部活動や行事もさかんに行います。1日、1週間、1年の単位でメリハリのある生活をすることで、見える学力も見えにくい学力も伸びていきます。つまり、これらによって「文武両道」が実現できるのです。その前提が「授業で勝負」だと考えています。

日頃の勉強の成果が出てくるのは、始めてから普通3カ月はかかるものです。知識をいろいろ蓄積していって、そのあとで統合され、目に見える学力になって表れてくるのです。蓄積している間はいくら勉強してもなかなか伸びないことがあります。しかし諦めないで忍耐強く続けていくということが必要です。

成績は、あるとき急にすっと大きく伸びるということがよくあります。それは知識が頭のなかで統合されてきた証拠です。そこまでいかに忍耐強く、我慢できるかということです。努力は人を裏切りません。ぜひ受検に向けて自分で自分に納得できるように取り組んでほしいと思います。

健闘を期待しています。

東京都立立川高等学校

都立高校初の65分授業で
効率よく学習することができる

大澤充二　校長先生

school DATA

■1901年５月開校。1992年３月に新校舎が落成、2001年11月には創立100周年を迎えた。

■東京都立川市錦町２－13－５。JR中央線・南武線・青梅線「立川」徒歩８分。多摩都市モノレール「立川南」徒歩６分。生徒数男子505名、女子461名。tel：042－524－8195

「多摩に立高《たちこう》あり」といわれる東京都立立川高等学校は、高い知性を尊び、自主・自律の学園生活を標榜している学校です。多くの卒業生がさまざまな方面で活躍している伝統校でもあります。進学指導重点校にも指定されており、教科指導の充実をめざし、都立高校で初めて取り組む65分授業は、まとまって時間が取れることと効率よく学習できることで、大きな実績をあげています。このような取り組みを行っている東京都立立川高等学校の大澤充二校長先生にお話をうかがいました。

「立高アドバンス委員会」の設立

――立川高校の沿革を簡単にお話しいただけますか。

【大澤先生】本校は、１９０１（明治34）年、20世紀の幕開けと同時に東京府立第二中学校としてスタートしました。１９５０（昭和25）年1月に現在の東京都立立川高等学校となりました。２００７（平成19）年で１０７年目ということになります。

――１０７年の伝統のなかで、現在も伝わっているものはありますか。

【大澤先生】ひとつは自主・自律の精神です。自分で立つだけではなく立って行動し、思考し、判断するという、おのずからコントロールする力を持とうということです。これは本校の長い伝統のなかで培われてきた校訓のようなものだと思います。

もうひとつはけじめをつける行動や態度です。たとえば学習に集中するときにはしっかり学習に集中し、放課後の自主的な活動のなかでは、自分たちのエネルギーを爆発させる。これは先輩たちが残した大きな宝物だと思っています。

本校は、都立高校のなかでもかなり自由な学校だと思います。自由と責任があるから自主・自律が生まれ、自由と責任があるからけじめある行動態度が出てくるのです。入学時の「本校入学の決め手は」というアンケートでは、やはり「自由な校風」が指摘されています。ですから自由な校風と責任ある行動をとおした自主・自律とけじめが本校の歴史のなかで培われてきたものだと考えています。

——進学指導重点校として御校が指定されていますね。

【大澤先生】教員自身の熱い思いや同窓生のみなさんの尽力、「立高がんばれ」という地域のエールがあり、２００３（平成15）年11月に指定を受けました。府立二中の底力を示す意味で、進学指導重点校に指定されたと受け止めています。

――「立高アドバンス委員会」という組織があるそうですが、これは進学指導重点校と関係があるのでしょうか。

【大澤先生】進学指導重点校としての研究・実践を進めるために、また、立川高校の未来を考え、生徒募集活動を工夫する委員会として結成されました。委員会は校長である私と副校長、経営企画室長ら、およそ10名で構成されています。

65分授業がもたらすメリット

――2003(平成15)年から65分授業と2期制に踏みきられたそうですが、これは大きな変革だといえるのではないでしょうか。

【大澤先生】内的にも外的にも立川高校が新しく歩み始めることをきっぱりアピールするための一番有効な手段・方向・内容でした。この制度の実施にあたり、他府県において進学指導で実績をあげている学校、とくに関西を中心に公立高校を何人かの教員が視察に行き、さまざまな取り組みに対するデータを出しあうなかで検討を進めていきました。

問題点は皆無ではないけれども、公立の進学校では65分授業を実施しているところが多く、

かつての公立高校とは思えないきれいな校舎

ちょうど完全週5日制とも重なりあう時期でした。そのため、授業時数を確保し学力の質を高めるという点では、本校に一番ふさわしい改革の柱だと思ったのです。その後、中身をつめていきスタートしました。

――45分7時間授業を提唱されておられる学校もありますが、65分授業のメリットとはどのようなものなのでしょうか。

【大澤先生】　65分授業の1番目のメリットは授業時間の確保です。多くの学校は50分授業であり、50分で6時間というと、1日300分です。ところが本校は65分で5時間、つまり325分ですから、10日間で換算しますと、授業時間が250

広いスペースに木々が配されている

分増えることになります。

そのため、本校は土曜授業を考えていません。なぜなら65分授業を実施することで2週間に1回、土曜日に授業しているのと同じ、ないしはそれを少し上回る授業時間数が確保できるためです。

2番目は、50分プラス15分授業となることで増加分の15分を生かすことができ、学力の質を高めることができます。たとえば英語の授業では最初に単語の小テストであったり、レッスン全体の復習のテストなどを行っています。それは、学力の定着を図るという意味で、15分の授業を活用しているからこそできることです。15分のプラスアルファを生かすことでバラエティーに富んだ授業構成、学力の定着、発展を確認する時間が保証されるのです。

3番目には、本校は学力をつけると同時に人間を育むという目標があります。そのため、放課後の活動もしっかり保証しようと考えております。本校は定時制との併設校で、午後5時20分完全下校ですから、活動自体は午後5時には終了しなければいけません。45分7時間授業ですと、結果として午後3時30分近くに授業が終わることになります。65分5時間授業にすることで放課後の自主的な活動の時間も保証できるのです。

この3つが65分授業に踏みきった背景であり、実際やってみた結果としてのメリットだと思います。

——65分授業のデメリットがあるとすれば、どのような点でしょう。

【大澤先生】 まず、時間割を組むのが複雑になります。基本的には1単位50分で計算されます。65分×3で195分ですので、65分授業を3回やることで200分相当、50分授業が4回と計算されます。そうすると、65分を週に2回やる週と、週に1回やる週がでてきます。これで、2週間で3時間分となり、50分授業で4回やったことになります。数字上では1・3と計算しています。

言い方はよくありませんが、65分でかき集めた部分の端数の部分を国・数・英の基礎教科に傾斜的に配分することになっています。ですので、デメリットがあるとすれば時間割を組む教務担当者が大変だというぐらいで、生徒にとってのデメリットはありません。

1週間ごとにA週・B週と時間割が微妙に異なります。総合的に調整するために前期・後期で時間割を変えています。その基礎的な条件を支える教務的な面での煩雑さがあるという程度です。

習熟度別授業と2期制を導入

――御校は2期制で習熟度別授業も実施されているそうですが。

【大澤先生】 1年生が数学Iで、3年生が英語のリーディングで実施しております。これはどちらも2クラス3展開としています。クラス分けの見直しは、前期から後期に移行するときに、自分の学習の実態に応じて、生徒個々が判断するという形をとっています。自分でクラスがえをすると、発展クラスに行く生徒もいれば、いわゆる一般のクラスに行く生徒もいるため、人数にばらつきが出るのではという心配もあったのですが、3クラスのうちひとつが発展クラスなので、発展クラスはこのくらいと人数を決めておくと、落ち着くところに落ち着きました。

校内には生徒たちの明るい笑顔があふれている

生徒の自主性を重んじたクラスがえといっても、決して野放しではありません。3年生の英語の場合、2年生の成績がこのくらいの生徒が発展クラスのひとつの目安になりますよと示しますので、そこから大きくはみだすということはありません。

——2期制といいますと、前期の途中で夏休みをはさんでしまうことにより、学習期間が空いてしまうことに問題はありませんか。

【大澤先生】学力の定着・向上がポイントになります。本校は土曜日に授業は行っていませんが、土曜日の午前中に補習、夏期休業中に講習を実施しています。２００６（平成18）年度の補習の例では1年生については6講座、2年生では7講座、3年生では9講座を実施しました。あくまでも学ぶ意欲のある生徒が自主的に受けるようにしています。

――補習と講習は英・数・国でしょうか。また、夏期講習は何日間行われ、どの学年が中心ですか。

【大澤先生】土曜補習は英・数・国中心となっております。

夏期講習に関しましては、さまざまな科目を開講しています。これは土曜日、日曜日を除く毎日行われるもので、昨年は30日間行いました。

1～2年生も実施しますが、中心となるのは3年生です。生徒も教員も休みがほとんどなくなってしまいますので、本当によくがんばっているなと思っています。それだけ意欲のある生徒と教員が集まってくれているのだと感謝しています。

入試問題には記述式が多い

――入試問題についてうかがいます。御校は「自校作成」方式による出題をなさっています。

それはいつからで、その基本的な方針もお教えください。

【大澤先生】本校では2004（平成16）年から実施しており、2007（平成19）年の春が4回目でした。方針は、高い思考力と表現力をみる試験が基本です。全都の共通試験に比べると、記述式が圧倒的に多い形式になっています。

英・数・国いずれの答案も、一枚一枚ていねいに確認しながら採点を進めています。記述式問題が多いのは、最終的な答えが合っているか間違っているかだけではなく、思考の過程を見ながら採点を進めるということです。

——情報公開として、塾説明会なども行われるようになり、ずいぶん変わってきたなと思うのですが。それは意識して行っておられますか。

【大澤先生】それは私どもの命だと思っています。本校を発展させるためにもすぐれた資質を持った生徒に来てもらい、その生徒を我々は開花させますという教育を行うわけですから。立川高校のことをもっともっとよく知ってもらうためには、中学校はもちろん、塾や予備校も含めて我々が足を直接運んで、生徒や保護者のかたに訴えることが重要です。

地道な実践が進学率に反映

――進学指導重点校として進学実績に関して、いまの現状などをお教えいただけますか。

【大澤先生】 1・5、13という数字を、2006(平成18)年度は強調していました。おかげさまで、2007(平成19)年春の結果として、現役での国公立大への合格者数が昨年の結果に比べて1・5倍になりました。

本校の場合は、現役生を前提にしています。国公立大が47人だったのが2006(平成18)年度に71人になりました。13という数字は、国公立大は現役と既卒を合わせて113人なのです。じつは110人を超えたのは13年ぶりのことです。そして、2007(平成19)年3月に卒業した生徒たちは進学指導重点準備校の指定を受けて入ってきた生徒たちです。

その意味で、生徒たちは本当に期待に応えてくれました。我々の地道な実践が結果として反映できたのかなと思っています。我々の教育の方向は決して間違っていなかった。しっかり結果として出てきているということでは、我々自身も自信が高まってきています。

こうした流れを受けて、2007(平成19)年度には、合格実績がさらに向上しました。東大2名を筆頭に、この年の国公立大合格者数は前年比で11人増の124名。これで、20

06（平成18）年の結果は決してフロックではなかったということが、私たち自身も実感として、そして自信として沸きあがっています。

私が先生がたによく言っているのは、「裾野の広い山はいつか高くなる」ということです。おかげさまで裾野は確実に広くなりました。ですから、これからの生徒には志を高く持ってもらいたいと思っています。

進路指導にもOBらが協力

——進路指導は、どのような形で行っておられるのでしょうか。ガイダンスのようなものはつくられていますか。

【大澤先生】 基本的には進路部と各学年が協力して進めております。もちろんガイダンスもつくっております。

——部活動にもOBのかたたちがかかわっているとお聞きしました。

【大澤先生】 OBのかたがたはほとんどの部活動にかかわってくれています。私は活動が熱心な部活動の顧問の先生に「部活動のなかでも勉強と進路を語りあうような部活動になってほ

充実した図書館

しい」と言っています。部活動は部活動で完結するのではなく、部活動のなかで出会った先輩、身近なモデルをとおして進路につながっていく、志を高めていくような部活動であってほしいのです。それがなければ部活動が終わってから進学の方へ猛烈にいくことはないと思いますね。

ギリギリまで野球部の部活動をがんばって、北海道大や一橋大に入った生徒もいました。本格的に受験勉強に専念したのは、夏の大会が終わってからでした。

――高大連携についてうかがいます。どんな大学と連携していらっしゃいますか。

【大澤先生】 東京工業大・東京農工大・東京学芸大・中央大・東京経済大の5校と連

携していいます。

ＯＢのかたがたが来校して、「大学はこういうところだ」というようなガイダンスもやっていいます。ＯＢのかたがたには大学の教授や助教授として活躍しているかたがいらっしゃいますので、そのかたがたに一番新しい学問の状況や、その学問を学ぶためにはなにをしておかなければならないのか、それを達成するためにはこんな勉強をしておかなければならないのだ、ということを話してもらいます。

多摩あっての都立立川高等学校

――御校の生徒さんのよいところをあげていただけますか。

【大澤先生】 なんといっても、純朴です。いわゆる都心の高校には見られない、素直で礼儀正しくて謙虚な姿勢があります。ある同窓生のかたが、「県」立高校的なよさを持っていますよとおっしゃられました。少し地味なところがあるかもしれませんが、地域のにおいを残しているということでしょうね。

多摩に立川高校あり、多摩あっての立川高校です。多摩地域のなかで世界に羽ばたく人間を育てていくということで、とくに多摩という地域を大切にし、多摩に育てられる学校でありたいし、また、少しでも多摩地域に貢献ができる学校でありたいと思っています。地域の持っているよさ、風土みたいなものが生徒のなかに生きています。それは大切にしていきたいですね。

――これから御校を受ける受検生や保護者のかたがたに、立川高校に来てほしい生徒像をお話しいただけますか。

【大澤先生】 本校は学力をつけ人間を育むことを大切にする学校です。したがって、学習面については大学進学に向けて継続して努力する生徒。人間を育むという点では部活動や学校行事に率先して参加するという生徒。そして難しいのですが、このふたつを両立させる意志を持っている生徒のみなさんに、本校を受検していただきたいと思います。

東京都立戸山高等学校

自主的に考えたうえで行動することで一人ひとりが〝人生の主人公〟になる

揚村《あげむら》洋一郎　校長先生

school DATA

■1888年、補充中学校として創立。スーパー・サイエンス・ハイスクール（ＳＳＨ）に指定されている。

■東京都新宿区戸山3－19－1。JR山手線・西武新宿線・地下鉄東西線「高田馬場」徒歩12分。生徒数男子517名、女子446名。

tel：03－3202－4301

2007（平成19）年、創立120周年を迎えた東京都立戸山高等学校。2003（平成15）年には敷地内に完成した新校舎への移転も完了し、外観だけではなく、学校内の設備も非常に充実したものとなりました。個性を伸ばす教育を重視し、スーパー・サイエンス・ハイスクールにも指定されている東京都立戸山高等学校の揚村《あげむら》洋一郎校長先生にお話をおうかがいしました。

スーパー・サイエンス・ハイスクールと進学との両立

――戸山高校の沿革を簡単にお話しいただけますか。

【揚村先生】 1888（明治21）年、補充中学校として麹町区飯田町5丁目の皇典講究所内に創立されたのが始まりです。

1899（明治32）年に東京府城北中学校と改称されました。「城北会」という同窓会の名称はここからきています。1901（明治34）年に東京府立第四中学校と改称され、1948（昭和23）年に新制の都立第四高等学校になりました。そして1950（昭和25）年に東京都立戸山高等学校と改称されました。2003（平成15）年に新校舎への引っ越しが完了

建て替えられたばかりとあって、校舎は驚くほどに近代的なものになっている

し、2007（平成19）年に創立120周年を迎えました。

こうした長い歴史を持つ本校の校章は「四ッ柏」といいます。4枚の柏葉は府立四中の「四」を意味し、柏は「質実剛健」の伝統を象徴しています。新制の都立第四高等学校になったときに定められ、以来校舎の壁面を飾ってきました。現在も新校舎玄関の上に取りつけられています。

――御校の特徴はどのようなところにありますか。

【揚村先生】 学校案内には「本当の自分になる戸山」というキャッチフレーズが載っていますが、本校の生徒は、明朗、快活で伸びのびと高校生活を送っています。それ

校庭も広く、緑豊か

は、自分の意見を持った生徒が多いことの証しでもあります。校風は自由ななかでの「自主自立」ですが、生徒たちはなにごとにも積極的で、自分の主張や主観を明確に持っています。学校では、さらに個性を伸ばしていく教育を進めています。

本校の生徒たちを見ていただければ、本校の教育がめざす「自主的にものを考え、行動する人間、一人ひとりが〝人生の主人公〟になること」が、実践されていることがおわかりいただけるでしょう。

――進学指導重点校なのですから、やはり進学指導にも力を入れておられるのでしょうか。

【揚村先生】 進学指導重点校であると同時に、本校は文部科学省からスーパー・サイエンス・ハイスクール（ＳＳＨ）の指定を受けていますので、両方を意識した教育をしなければなりません。

ＳＳＨは、理数系教育の改善に資する目的で文科省が実施しているプログラムですから、本校としても、やや理数系教育に特化したカリキュラム編成にしています。理科学に関心の高い生徒の指導にも力を入れていきたいと思っています。

戸山高校に入学してくる生徒は、その多くが第1志望で本校に来ますので、自分が選んだ学校という意識が高いのです。そのため、本校はその生徒の期待に応えなければなりません。多くの生徒の志望する国公立、難関私大の大学受験に対応したカリキュラムを編成するとともに、質の高い授業とそれを補う講習、個別指導も行っています。

「海外サイエンスセミナー」への取り組み

――ＳＳＨの特徴的な取り組みについてお話しいただけますでしょうか。

【揚村先生】 1年生はＳＳＨクラスを一学級編成しています。ＳＳＨクラスは希望制ですが、希望者が少しずつ多くなってきています。

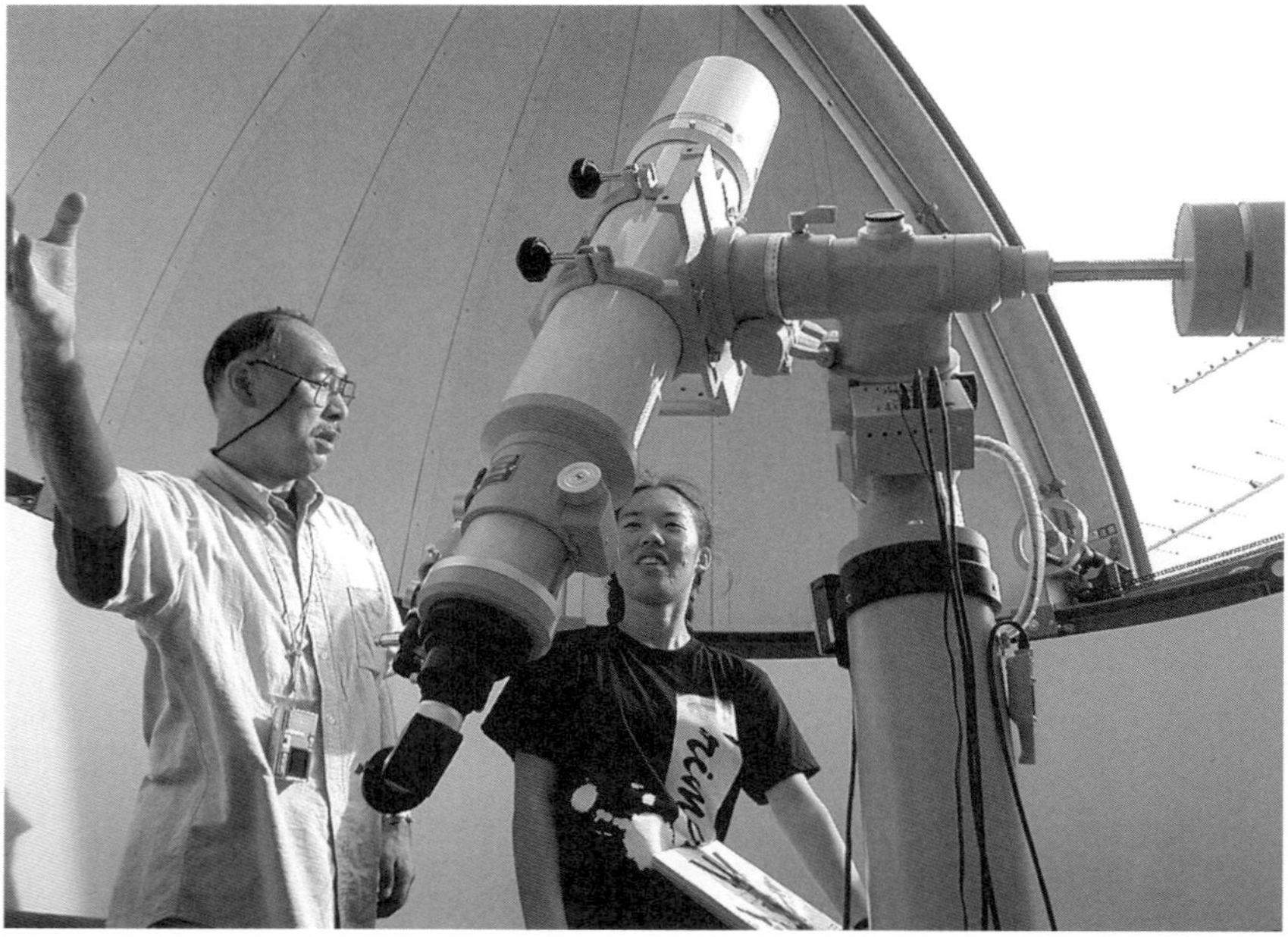

スーパー・サイエンス・ハイスクールとして天体望遠鏡も備えている

ＳＳＨは、人材・予算・施設の３点を特典として最大限に生かせます。予算を生かして、理科学的な施設を充実させていきます。本校には、風力発電や天体望遠鏡、ビオトープなどがあります。同窓会である「城北会」からも援助がありますから、とても助かっています。「城北会」は、いろいろな面で、戸山高校を支えてくれています。こうした同窓会の結束と支援があればこそ、現在の本校があるといえます。

また、ＳＳＨのセミナーは昨年から「海外サイエンスセミナー」というものを組んでいます。

２００６（平成18）年度は、夏休みに20名でハワイのキラウエア火山国立

天体望遠鏡は開閉式の天井を持つドームのなかにある

公園に行き、旧噴火口や溶岩流などを2日間かけて見学し、学習しています。また、マウナケア山では国立天文台すばる望遠鏡の施設見学と星空観察をしました。オアフ島ではハワイ大学キャンパスツアーと本校卒業生のハワイ大大学生との交流があり、また、プレゼンテーション能力を高めるために、英文によるリポート作成やスピーチも行っています。

本校は、2004（平成16）年4月にSSHに指定されて3年経ち、その3年間の成果が認められ、さらに5年間の継続研究が認可されました。

2006（平成18）年は全国大会で発表し、ポスターセッション賞をいただきました。これには全国から99校が集まりました。

階段教室もあり、模範実験が見えやすくなる細やかな配慮がなされている

本校では生物・地学がおもになりますが、オリジナリティのある内容の研究発表を準備しています。

――SSHとしてのカリキュラムが御校独自のものとして編成されているのですね。

【揚村先生】 SSHに特徴のある設定科目をつくってあります。1年生対象の「探究基礎」は野外観察で、「春の生物観察会」や八ヶ岳湿原の植物観察をします。また、「磯の生物観察会」もあります。東大や早大の教授に来ていただいて、動物の行動や生態などについて講義していただいています。

2年生はSSH化学、SSH生物、S

SH物理という授業があります。大学教授などによる講演や科学研究施設見学を行うほか、前半は相対性理論に関する書物の輪読も行います。生物は心臓の構造など、内容の深いものに入っていきます。

また、SSH英語やSSH論文など、理科以外の文系科目もあります。とくにプレゼンテーションや論述指導に力を入れています。図書館にはSSHのコーナーもあります。

「互学互習」の精神が浸透している

――公立としての御校がめざしている基本的な教育を、具体的な面でお話しいただけますでしょうか。

【揚村先生】 本校は、3学期制・50分6時間授業を続けています。土曜日の午前中に授業をして授業時間の確保にも努めています。ただし、本校はSSHがありますので、土・日を使った観察教育とか研究調査が入ってきます。

SSHにつきましては、現在都立4校が指定を受けていますが、都立高校でのパイロット校になります。先生がたも意欲的に取り組んで、SSH講座を土曜授業で行っています。

また、本校はクラブ活動がとてもさかんです。ひとりが複数のクラブに所属することもあるので、参加率は100%を超えています。クラブ活動と補習との抱きあわせで考えると、土曜日を有効に使い授業研究、公開授業を開催し、年間に26回行っています。

――生徒たちの自主的な活動がよく知られていますが、自主性とはどういうところにあるのでしょうか。

【揚村先生】 進学校はクラブ活動がさかんだといいますが、本校はグラウンドも体育館もめいっぱい使っている状態です。そのクラブ活動での本校の特徴は、OBによる伝統的なかかわりがあるということです。

どこのクラブにもOBがかならずいます。そして、OBの指導と顧問の先生がたの指導があります。そのような環境のなかで、生徒たちに自主性が育まれていきます。アメリカンフットボールや空手、陸上競技は関東大会レベルです。

生徒たちは時間の使い方がとてもじょうずです。自習室では、友だち同士で教えあう「互学互習」をしています。また、アメフトやバスケットボールの顧問の先生から聞きますと、お互いにクラブ活動と補習をどのように両立させていくかをクラブのなかで自主的に話しあっているそうです。

現代の必須アイテムとなったパソコン、台数もじゅうぶんに確保してある

――理科以外での一般の学習指導についてはいかがでしょうか。

【揚村先生】 英語と数学の補習をしています。3年生は全員態勢で多くの講習を設けています。予備校へ行く生徒もいますので、時間をじょうずに使わなければなりません。補習は国公立大と難関私大向けの補習を組んでおります。

本校は、先生がたが個別に補習を行っているのが特徴です。クラブ活動があまりにも多いので、グループをつくって、先生たちが教えられる範囲で補習をしています。空いている教室が多くありますので、そこで個別の授業をしているのです。もちろん、組織的な補習もありますが、それで足りないところを補っているのです。

本校の生徒は自学自習ができますから、組織的に教えるものと個別的なものとをバランスよく行っていくことが理想といえるのです。

考える力を引き出す自校作成問題

――進学率のよさには定評がありますが、進路指導についてお話しいただけますでしょうか。

【揚村先生】 進路指導については早い時期から行っており、1年生の1学期の段階から始めています。本校は自校作成問題での入試になりますので、1年生は合格するとホッとしてしまう傾向があります。その時期が長すぎるとそれだけ受験対応が遅れてしまいますからね。しかし、SSHを希望する生徒は、雰囲気が備わりすぐ切り替えられるようです。

本校では大学進学は難関国公立大、難関私立大が中心になっています。2007（平成19）年度の国公立大への進学実績は、現役・過年度生（浪人）合わせての合格者が77名でした。そのうち現役が46名ですから、現役合格率は59・7%になります。先生がたは、SSHの成果が出ているのかもしれないと話しています。

私立の難関大学ですが、早大・慶應大・上智大・東京理科大の合格者は現役・浪人合わせて201名でした。そのうち現役が122名ですから、現役合格率は60・7%になります。

本校の伝統で、2年生までは理系と文系に分けていません。そして現在はSSHがありますから、ゆるやかな理系への移行を考えています。3年生になると選択科目が多くなりますので、絞りこむことになってきます。

意図的には理系と文系を分けてはいませんが、実質的には分かれてきますね。SSHの関係もありますので、文系にも理系のよさを盛りこんだ学習内容にしていくことが今後の課題です。

――自校作成問題のことが出ましたが、御校ではどのようなスタンスで入試問題をつくられているのでしょうか。

【揚村先生】 国公立大をめざすためには、基礎基本の習得をみるためバランスよく英語・数学・国語の得点が取れなければなりません。そのため、ただ覚えるのではなく、深くものごとを考える力、洞察力、判断力、論理構成力、表現力が必要になります。そういった能力を引き出す問題を作成するよう、意識しています。

また、キャリアガイダンスとの絡みからも問題を考えています。自分の職業観を明確に持ってどのような人間になりたいのか、進路目標をはっきりさせたうえで、将来自分がめざすものをきちんと考えておくことです。そのような資質を求めるには、考える力を引き出す問題であることが肝要です。答えが出るまでのプロセスを大事にし、それによって評価できる問題を作成しています。

――外部のかたへ向けた情報公開が多くなったようですね。

【揚村先生】 学校で行う説明会だけでなく、各地域中学校での説明会、塾・予備校主催の説明会にも積極的に参加し、広報活動に力を入れています。自校作成問題の説明会も3回行っていまして、来場者が多く、講堂に入りきれなくて、他の教室も使っています。

戸山の誇りを行動で示してほしい

――新校舎になって4年ですが、今後の戸山高校の方向性についてお話しいただけますでしょうか。

【揚村先生】 SSHが5年延長になり、全科目にSSHの要素を加味したカリキュラムを組んでいます。国語の先生は、「SSHで文章表現力が高まっているようだ」という話をされていました。理科以外の教科にもよい影響が出てきているように思います。

新校舎にはSSHに相応しい設備が整えられていますので、こうした環境を最大限に生か

ホールも広く、使い勝手がよい

していきたいと考えています。

また、SSHの授業は「探究基礎」の授業が代表するように、講義より実験実習を重んじ、自ら課題を設定し考え、自ら調べる学習です。

「自己学習力」の育成は、理科以外のすべての教科につうじます。そして、戸山高校の伝統として「本質を突く授業」の実践を発展させるものです。

学校は教科ばかりではなく、クラブ活動や行事という特別教育活動は、生徒の人間形成に大きな意味を持っています。

「文武両道」を兼ね備えた人になってほしいですね。

本校の生徒は、大学に入ってからものすごく伸びるといいます。大学を出てからも

体育館をはじめとした体育施設もめいっぱい利用している

志を高く持ち続けています。本校を卒業して官界に行かれたかたや大学教授、医師、弁護士など各界で活躍されているかたがたくさんおられます。

「〝戸山の教育〟を語る会」というものがあり、定期的（年2回）に開かれています。祖父、父、自分と3代にわたって戸山高校が母校です、というケースも多く見受けられます。こうした伝統のもとに本校があると言っていいと思います。

しかし、自分の意見を持ち、積極的で「自主自立」の精神が発揮されているという反面で、いまの生徒は逆境にあっても突き進むというたくましさに欠けるところが若干あります。これからの変化の激しい世界のなかで、各界のリーダーとして活躍するために、精神的強さと高い知性教養マナーを身につけた人に育ってほしいと願っています。

そして、日本を代表する先輩たちから、一流の人間になるためにはどうすればよいのかを学び取ってほしいのです。

戸山の誇りを行動で示してもらいたいと思います。国際社会で活躍できる人材の育成が目標です。

東京都立西高等学校

生徒には自分自身の生活を自ら律することが求められている

石井杉生　校長先生

school DATA

■1937年に創立し、1939年に現在の杉並区宮前に移転。2007年に創立70周年を迎える。

■東京都杉並区宮前４－21－32。京王井の頭線「久我山」徒歩10分、ＪＲ中央線「荻窪」からバス。生徒数男子516名、女子470名。

tel：03－3333－7771

２００７年に創立70周年を迎えた東京都立西高等学校は、伝統である「自主自律」の校風を継承するとともに「文武二道」を奨励してきました。「授業が勝負」を合言葉に、生徒の持てる力をさらに伸ばし、大学進学後も意欲的に学問を追究し、自己実現を果たせる確かな学力と進路選択が身につけられるように配慮されています。70年の歴史を礎に、東京都立西高等学校のさらなる発展をめざす石井杉生校長先生にお話をうかがいました。

「自主自律」「文武二道」の精神を維持していきたい

――御校は、今年（２００７年度）創立70周年を迎えられましたが、沿革からお話しください。

【石井先生】１９３７（昭和12）年青山の地で府立第十中学校として創立されました。１９３９（昭和14）年には新校舎完成とともに杉並区宮前の現在地に移転しました。

その後、１９４６（昭和21）年に玉泉中学校が統合され、１９４８（昭和23）年の学制改革によって都立第十新制高校となり、１９５０（昭和25）年に東京都立西高等学校と名称が変わりました。１９９７（平成９）年3月には、校舎の全面改築も完了しました。

現在、都は中高一貫校だけでなく都立高校の個性化・特色化を進めていますが、そのなか

2007年度で創立70周年を迎えた西高校

でも本校が都民から選ばれる学校になるためにどうしたらよいかということを、創立70周年を契機に先生がたともども、学校全体で考えていきたいと思っております。

――御校の教育理念、教育目標についてお話しください。

【石井先生】本校では、長く「自主自律」「文武二道」を教育目標として掲げております。私は、生徒の自主性や自律心、あるいは協調性など豊かな人間性を育てる教育が今日の高校教育には絶対必要であると思っています。引かれたレールの上を黙って進んでいけばよいとする学校では、なかなか生徒の自主性や自律心が育たず、反面、自由のみを与え、生徒は好きなことをすればよいという学校でも、本当の自主性や協調性などは育たないと思います。

自主自律を促すにはやはり適切な指導が必要です。本校は、文武二道のなかで、生徒が活躍できるさまざまな舞台を用意しておりますが、そのなかでも教師として必要な指導をきちんと行い、将来自立していくために必要な知識と人間性が身につくようにしています。

本校は、進学指導重点校に指定されただけでなく部活動推進校にも指定されていますが、これによって、文武二道を実践するなかで、自主自律を促す指導をより徹底できるようになりました。

――2学期制で授業時間は50分ですね。

【石井先生】「授業で勝負」という言葉が示すとおり、本校では日常の授業を非常に大切にしています。2学期制にしたのも、授業時数を確保するためです。週の時間数も7時間授業の日が週2回あります。隔週の土曜日ぶんの授業時数がこの7時間目で確保されている勘定になります。授業への集中度合いや7時間目を設定していることなどから、1単位時間の授業は50分で行っており、日々の学習の積み重ねで高い学力が身につけられるようにカリキュラムを設けています。前期は9月末までで、10月から後期が始まります。

「授業で勝負」が合言葉

――3年次に文系・理系に分けるのですね。

【石井先生】 本校ではほとんどが国公立大志望ですので、基本的には国公立大の入試に対応した5教科7科目のカリキュラムとなっております。したがって1〜2年は32枠の時間割全部が必修になっていますし、3年の選択でも文系で3〜7単位、理系で0〜2単位と選択時数は少なく、必修が非常に多い設定になっています。

たとえば私立文系に進学する生徒でも、やはり物理や化学の基本もしっかり勉強してもらって、科学的なものの見方や論理的な考え方を学びとってほしいのです。逆に理系を希望する生徒に対しても歴史や地理などを必修にしており、伝統や文化の背景を学びとってほしいと考えています。

「土曜特別講座」が充実している

――御校の「土曜特別講座」は、土曜授業とはちがうものなのでしょうか。

【石井先生】 東京都では何校か「長期休業日等の弾力的運用の試行校」をつくり、土曜日を教育課程のなかに入れて年間20回程度土曜授業を実施していますが、本校はそうではなく、「土曜日特別講座」は教育課程外のあつかいになります。この講座は本校教員によるものです。以前は教養講座や、先生がたが専門としていた学究的な講座が多かったのですが、この3月に生徒にアンケートをとったところ、たとえば3年生は数Iの見直しなどを希望する声も多かったので、再編成しました。今年は講座数が倍以上に増えています。

――英語と数学は習熟度別授業を実施されていますね。

【石井先生】 1年から3年までの英語と数学で行っていますが、基本的には生徒の希望に基づいた選択になっています。英語ですと、リーディングは割に高レベルで安定していますが、ライティング（英作文）では相当時間が必要ですので、習熟度の差が出やすいようです。習

集会などで利用されるホール

熟度別授業は2クラス3展開です。

——夏期講習についてご説明ください。

【石井先生】 本校では夏休み中の全日、なんらかの講座が開かれています。たとえば数学科は単元をグループ分けし、週ごとに割り振って実施しています。微積分や数列など、自分が必要なものを選択して受講するのです。夏期講座の多くは受験対策用、教科の発展演習、補講的なものなど、大学入試を意識した講座が非常に多く組まれています。3年生対象の講座が多いのですが、1・2年生が選択できるものもあります。また冬期に入ると、生徒の希望に応じてさまざまな講習が行われ、それが後期試験の前日まで続きます。

――御校では校内の実力試験を何回か実施されていますね。

【石井先生】年に2回です。１・２年生は英・数・国、3年生は理・社も含めて、本校の教員がつくった自作の問題で校内実力試験を行っています。範囲が決まっている定期テストではなく、大学入試並みのレベルで出題して、いまどのくらいの力を持っているか測ることができるようになっています。自作ですから、実施日までの授業進度を加味して出題することができます。

内部で結果を集計して、進路指導のひとつの指標とし、たとえば昨年度の卒業生が何点でどの大学に合格しているかを示し、進路選択の資料として使っています。これは生徒にも配っています。

読書をとおして豊かな感性を学びとる

――読書活動の奨励ということで、年間25冊を課題図書にしていますね。

【石井先生】文章を読むことはすべての基本であり、読書をとおして一般的な教養、常識、豊かな感性などを学んでもらいたいと思っています。25冊は多いかと思いましたが、ほとんどの生徒がちゃんと読んでいます。学校として１２０冊の本を推薦していますが、それでなければいけないわけではありませんので、自分の興味・関心のなかから選ぶこともできます。読書が好きになった生徒が増え、図書室の貸出数もずいぶん多くなっています。読み始めると、それが読書のきっかけになるのです。

――キャリア教育の一環としてOBのかたによる講演などを積極的になさっていますね。

【石井先生】 年4回、土曜日に開かれる「訪問講義」のことでしょうか。本校の卒業生は多士済済です。各界で活躍中のOBのかたのなかから、理系のかた2名、文系のかた2名の計4名を講師にお呼びして、自分の仕事をなぜ選んだのかなどについて話していただきます。これは誰でも希望すれば聴講することができます。それ以外に、1年生全員が聴講するパネルディスカッションがあります。「訪問講義」と同様に、OBのかたがたにパネラーになっていただき、どのように進路を選んだのかなどを話していただきます。

また本校には、「西高の夕べ」などのように、同窓会や保護者などと連携して運営している文化的な会もあります。本校でも同窓会は大変協力的ですし、さまざまな面でご支援いただいております。たとえば、同窓会施設の「西高会館」は、保護者の承諾のもと、午後8時まで自習室として利用できます。この自習室は年間160日以上開放しています。

校舎内の自習室は午後6時まで、年間230日開放しています。

――御校は「生徒が入りたい大学に現役で入学してもらうことが使命」であるとお聞きしましたが、そのなか、東大をはじめとした難関大学への合格実績にも目を見張るものがあります。

【石井先生】 ２００７（平成19）年度の合格実績は、東大などのいわゆる難関４大学と国公立大学医学部の合格者は現役・過年度生（浪人）合計で58人で、この数は前年度とほぼ同数になります。２００７（平成19）年度は、例年より医学部進学希望者が多かったようです。本校の進路指導は生徒が希望している大学への入学を支援することを第一と考えていますので、結果として多様な大学への進学が見られます。

――運動会や文化祭、クラスマッチについてお話しください。

【石井先生】 運動会は２クラスずつ合同の４色４団対抗という形で行います。本校では生徒が実行委員会を組織して企画・運営をし、応援団も自分たちで組織しています。

文化祭を本校では「記念祭」と呼んでおり、これは「復興記念」を意味しています。西高は、戦災は免れましたが、戦後の早い時期に校舎が焼け、その翌年に校舎が復興しました。そのときに校舎復興記念の文化祭が開催され、その翌年以後は復興の文字が取れ、「記念祭」という名称で続いているのです。いまや本校の伝統行事になっています。

クラスマッチは夏期と冬期に2週間かけて行われます。授業時間を一切使わず、すべて放課後に行っています。バレーボール、バスケットボール、サッカーなどがありますが、百人一首や清掃点検などもカウントされます。単なるスポーツマッチではなく、いろいろな分野でクラスの力を出しあって団結していくことに意味があるのです。最終日には校地周辺をリレーするクラス対抗駅伝が行われ、応援にも非常に熱が入ります。

部活動を重視している

――部活動を重視している点は、「文武二道」と、上下関係も含めた生徒間の結びつきを大切にしているということでしょうか。

【石井先生】 そのとおりです。先生が指導するのもひとつの指導方法ですが、先輩後輩という上下関係から学ぶ要素もたくさんあります。そこできたえられることによって、大学に行ってから、あるいは社会に出てから、なかなか伸びないようなときにも耐えていく力をつけることができるのです。本校には40以上のクラブがありますが、毎年、どこかの部が全国大会や関東大会に進んでいます。また、アメリカンフットボールや管弦楽部など、中学校ではめずらしい部があります。それぞれの部が高い成果をあげていますが、その割には初心者も気

理科実験室では生徒たちの瞳が輝く

楽に入部できるという気風があるようです。管弦楽部では入部して初めて楽器を持った生徒もいます。幼いころから何年も経験した選手を選抜してという専門性の高い部活動ではなく、初心者でもチャレンジできる部活動ということです。

——1年生には夏に林間学校がありますが、オリエンテーションの意味もあるのでしょうか。

【石井先生】その意味もありますが、真面目にしっかりと山に登る行事でもあります。たとえば男子は前を行く女子のペースで進み、ひとつの集団として登っていくというような集団の訓練も、大きな目的になっています。また部屋割りでも、仲よしを集めるのではなく、番号順に機械的に振り分けし、誰とでも仲よくできるような集団規律を学びます。

オリエンテーションとしては「新入生歓迎会」という会があります。先輩から後輩へという形で、入学式翌日の午後、新入生を集めて行われます。クラブ紹介がメインですが、そのほかにも校内に不慣れな新入生に指定場所に行かせるような校内紹介ゲームなどが、毎年工夫されて催されています。

――御校の自校作成問題についてご説明ください。

【石井先生】 いわゆる共通問題はほとんど択一問題ですので、どうしてもやさしくなり、本校の場合は平均点が非常に高くなってしまいます。それでは正確に各教科の力を測ることができませんので、自校作成問題を導入しています。

難問・奇問は一切ありません。基礎をしっかり押さえるもので、基本的には学習指導要領内の問題です。ただ、共通問題より思考力・判断力・表現力などが若干必要になるでしょう。

――来年度以降、どのような生徒さんに入学してほしいですか。

【石井先生】 自分で自分の道を決めていきたいという強い意志を持っている生徒です。本校は生徒にさまざまな舞台を用意しています。その舞台で積極的に自分を試し、人間として成長し、自らの道を自分で選んでいけるような生徒に入学してもらいたいですし、また、そのような生徒を育てていきたいと思っています。

東京都立八王子東高等学校

自らをの能力を最大限に活かし
社会に貢献できる人間を育成する

北沢好一　校長先生

school DATA

■1975年に開校準備に入り、1976年に第１回目の入学生を迎え入れる。

■東京都八王子市高倉町68－1。JR中央線「豊田」・「八王子」バス10分。JR八高線「北八王子」徒歩11分。生徒数男子518名、女子452名。

tel：042－644－6996

進学指導重点校のなかで、旧制中学校からではない高校として、唯一選ばれた東京都立八王子東高等学校。「進路指導部」を充実させ、生徒一人ひとりの個人ファイルを作成・活用するなど、細やかな指導を行っています。また、夏休みの講習には充実した講座群が用意されています。2期制・50分授業に教育の確信を持たれている東京都立八王子東高等学校の北沢好一校長先生にお話をうかがいました。

伸びこぼしも落ちこぼしもつくらない教育理念を持つ

――八王子東高校の沿革と教育理念についてお話しください。

【北沢先生】 本校が開校準備に入ったのは、1975（昭和50）年です。翌年の1976（昭和51）年に第1回目の入学生を迎え入れて、2007（平成19）年で32年目になります。

開校の時期は、多摩学区という大きな学区があったころです。ちょうど大学や高校が学園紛争などで荒れてしまっているなか、八王子・日野・町田地区のみなさんがしっかりとした都立高校をなんとかつくってほしいと都に要望を出されて実現したのが本校です。

教育理念は「伸びこぼしも、落ちこぼしもつくらない」にあります。これは、初代校長が

旧制中学校以外の都立高校のなかで進学指導重点校に唯一選ばれた八王子東高校

掲げたもので、以来、わが校は歴代の校長がこの理念を大切にして生徒たちの面倒をみてきました。つまり「個」に応じた教育が創立時代から行われていたのです。それが進化して現在まで続いているのです。

そして、教科学習指導では、個に応じたていねいな指導を行うとともに、生徒の豊かな感性やすぐれた個性を尊重して、一人ひとりの成長を学校全体で支援しています。

本校の教育目標には「健康・勉学・良識」が掲げてありますが、これは高校教育において普遍的なものだということで、教職員一同が心がけております。

——進学指導重点校のなかでは、旧制中学校からではない高校として、唯一御校が選ばれました。

【北沢先生】開校から約10年くらい経ち、難関大学や国公立大学への合格者が多数出るようになりました。それまで本校は基本的な生活を大事にするなど生活面に大変厳しい学校で、どちらかというと教養的な意味での学習に重点をおいていました。古き伝統を持つ都立高校が行っていた教育だったわけです。

ところが、生徒も保護者も難関国公立大学にチャレンジしたいという機運が少しずつ出てまいりまして、それにはどうしたらよいかということで研究と工夫を重ねてきました。

東大に１００人も合格させていた都立高校が凋落気味の時期にあって、本校が進学指導重点校の第１回目の指定を受けたのには、それなりの理由があるかと思います。進学実績だけではなく、それを支える教育が組織的に行われていたからです。また、その組織的に行われているノウハウを、進学指導重点校すべてに提供し、本校のノウハウを共有できるようにということで、本校をはずすことができなかったのです。そう承知しております。

専門スタッフを擁する進路指導部を創設した

――多摩地区には歴史のある私学もあり、進学実績のある学校もあるなかで、地域特性を生かし、都立高校としての独自性を持った学校としてどのような取り組みをされてきたのでしょうか。

生徒有志により設計・製作された熱気球

【北沢先生】 通学区域が実施されていた時期までは、確かに学区でいえばトップでした。学力のある生徒たちが入学してきていましたから。苦手科目のある生徒にはゆっくりと指導し、力のある生徒にはスピードのある授業で実力をどんどん伸ばすことができました。

しかし、通学区が撤廃されてからは、トップ層の生徒だけを集めることが難しくなりました。そこで強力な進路指導体制をつくることが必要になったのです。どの学校にも教務部があります。そこをトップに据えて教育課程を立案し、その実施と進捗状況などを管理していきますが、本校では「進路指導部」をトップに据え、他校に先がけて専門のスタッフをおきました。進路指導から本校のカリキュラムを俯瞰《ふかん》し、生活指導のあり方や各教科の指導方法とその改善などを全国的な資料に基づいて提言したり勧告したりしています。

生徒には年間3回外部の模擬試験を受けさせますが、生徒や保護者がほしいのはA～Dの評価という結果だと思います。しかし、学校がほしいのは、教科指導のデータなのです。細かく問題を分析し、この期間にこの分野をあつかったはずだが、その指導方法はどうしていたか、じゅうぶん定着していたのか、それを理解させるための事前の指導方法はどうだったのか。こうしたことを進路指導部が検討して分析結果などを各教科の教員に提供します。同じ教員同士で他教科の教員に指導上の注文をつけることは、これまでの学校現場ではなかなかできなかったのが実情でした。しかし、本校では進路指導部がきちんとしたデータを出してくれるため、教科指導の向上が図れたのです。

こうしたことが可能だったのは、各教員が「生徒のために」という思いを持てるまでに成長したからだと思います。

授業はつねに真剣勝負で進められる

――御校の先生がたはみなさんお互いに協力しておられる印象があります。昔は職人さんのような先生もいらっしゃったようですが。

【北沢先生】本校にもスーパーティーチャーといわれる神格化された先生がいます。しかし、個人の力だけではなかなか学校としての力にはなりません。

いまは、組織的に誰もが同じ方向で指導し、教科の指導は個人ではなく全員で協力し、責任を負うようになっています。ベクトルを揃えるというのは大変なことですが、他校に負けない指導をしていると思っています。

組織におけるノウハウをいかに継承していくかという大きな課題はありますが、これは校内で検証するしかありません。本校では、年に3回行う外部模擬試験の結果が出たときに、進学対策としての校内検証を行っています。進路指導部には卒業生全員の指導経過と結果の記録を残してあるため、前年度までの結果に基づいた検証ができるのです。

具体的には本校では、担任団が一人ひとりの生徒について指導助言するために、個人ファイルを活用しています。医者でいえばカルテですが、その資料は膨大な量になります。1年生の入学時の学力検査ではどうだったか、5月の試験や7月の外部模擬試験はどうだったかなど、それぞれが記入されています。

それに加えて、面談を何回も行います。面談で話が出たこと、保護者を交えた三者面談で話したことなどすべてを書きこみ、ファイルしています。これはクラスの担任が持っていて、クラス替えするときには新しい担任に引き継いでいくことになっています。一人ひとりの生徒について全教員が情報を共有して、効果的な指導にあたるのです。本校の進路指導に関するノウハウはいろいろな機会をつうじて多くの学校に提供しています。

学校完成型の教育をめざす

――夏と冬を中心に、3年生を対象とした進学向けの充実した講習を行っているそうですね。

【北沢先生】 開校当時は、地域的に予備校や塾のサービスが受けにくかったという実情がありました。そこで、3学年の先生を中心とした特別講座を開いていたのですが、それが一段と進化したのが現在の講習です。いわば、学校完成型の教育をめざしているのです。

5月の連休明けには各教科から進路指導部に夏の講習の開講予定リストを出してもらうようにしています。生徒への開講一覧表の提示は予備校と同じ時期に行っているのです。冷暖房が完備していますので、夏でも学習しやすい環境にあります。

夏の講習は3年生がメインとなっていますが、もちろん、夏・冬・春の休みには1～2年生にも講習を実施しております。また3年生は秋期や受験直前にも講習があります。

こうしたことを、2003（平成15）年から大々的に行うようになりました。進学指導重点校に指定されてから2年目のことです。現在、夏休みに約60講座以上が開講されており、毎年ひとりの生徒が10講座以上受けるのが通例で、2007（平成19）年の3年生は、のべ人数にして4003名が受講して、大切な受験期の夏を、学校の講習を中心において生活しています。1年生は1240名、2年生は960名が受講しました。つまり、ほとんどの生徒が夏休みも毎日学校に登校して部活と講習の生活をしています。

本校は、「団体戦でがんばりましょう」を合言葉にしています。これは、私が着任した年から言い始めたものですが、受験も「団体戦」で、指導も「団体」で行いましょうということです。

本校の生徒の多くは国公立大学をめざす

――御校の生徒さんは、国公立大学をめざすかたが多いと聞きました。

【北沢先生】 入学したばかりの生徒に「進学を考えている人は、具体的にどのような大学を考えていますか」というアンケートをしたところ、国公立大学を志望する女子生徒は実数で111名、男子生徒は147名でした。私立大学を志望していると答えたのは男女あわせて8名です。国公立大学をめざす生徒が圧倒的に多いことがわかります。

しかし、本校は難関私立大学やMARCHクラスにも対応できるカリキュラムになっています。特色としては2年生までに理科4科目（理科総合・生物・化学・物理）を必修にしています。2年生までに大学入試センター試験に対応できるよう全教科を学ばせているのです。もちろん、数学もです。苦手な生徒もいますが、あきらめないように最大限フォローしてセンター試験を受けさせるようにしています。

3年生になったら、文系・理系別に授業の選択ができるようになっています。入学してきた生徒たちのニーズに合ったカリキュラムで入学したときの気持ちを忘れさせず、その気持

充実した施設で青春の思い出がつくられる

ちをつねに堅持していてもらいたいという指導を心がけています。

これが功を奏しているのか、大学入試センター試験の受験率は98％と、非常に高いものになっています。本校の一番の特徴は「国公立大学をめざして入学してくる生徒の学力を伸ばしていく学校」ということになるかと思います。

――生徒さんの志望を尊重する姿勢を大事にしているということですね。

【北沢先生】はい、そのとおりです。2年生の秋には生徒に志望大学を書いてもらい、全教員に個々の志望を把握してもらいます。進学指導重点校ということで実績重視の指導をしていると思われがちですが、数字はあくまでもついてくるものであって、数字をめざしてという教育は考えておりません。

いまは保護者のかたが優しくなってきており、「あまり無理をしなくてもいいよ」というご家庭が増えてきています。受験期の保護者もつらいのです。子どもが厳しい状況にあるのを見ていることは、非常につらいことでしょう。それで、つい「〇〇クラスの大学でいいよ」となってしまいます。ご家庭が裕福になったから、柔軟に対応ができるようになったのでしょうか。父親が東大の医学部を出て私立の〇〇大に勤めているから、自分もその私立大の医学部に行くという生徒もいます。その一方、女子生徒が東大を失敗し、担任のところに報告に来て「くやしいー」と言って、もう一年がんばるという場合もあります。本校は、生徒の行きたいところを尊重してあげるという基本的な姿勢は変わっていません。

八王子東を強く支える奉仕の心

――部活動や学校行事についてお話しください。

【北沢先生】 部活動や委員会活動は重要視しています。机の上では学べないものは、社会性の育成・奉仕の心の育成・忍耐力の育成などたくさんあるわけですが、学校のなかでは部活動や行事で補いたいと考えています。

文化祭のアーチは「ヘルパー」とともにつくる

本校は、在籍９７０名のうち、９５７名が部活動をしています。ひとり一部として、２００７（平成19）年6月の調べで、実数では98・７％の入部率です。演劇部とコーラス部は、全国の高等学校総合文化祭京都大会に出場することができました。吹奏学部の生徒は90名を超えます。文化系の部活動も活発だといえます。体育系の方は、男子で78％、女子で53％の入部率です。

部活動での本校の特徴は、ＯＢまかせではなく、顧問が責任を持って指導していることです。たとえば、スキー教室には、生徒約80名、教員約８名が行きます。現地でインストラクターを雇うことは一切しておりません。

本校には「ヘルパー」と称する手助けがいることも、他校とは異なる点だと思います。これは将来、自らを活かして社会に貢献しようとする姿勢を育成するためには大切な行為なのです。生徒会でなにか行事をするとき、たとえば、文化祭のアーチをつくるときなどにはたくさんのヘルパーが手伝います。生徒会の役員だけでは足りませんので、手のあいている生徒がヘルパーとして参加しているのです。教員もまたしかりで、「あそこが大変だ」と言うと手伝いに行きます。まわりの動きがよく見えているということです。大変な場面をお互いが協力し担っていこうというもので、社会性豊かな人間としてじつに自然な行動なのです。

その意味でも、職員の意思疎通がとてもうまくいっている学校だと思います。学校説明会のときにも、担当の総務部だけに頼るのではなく、いろいろなポジションから教員がヘルパーとして協力しています。教員が大人としてのモデルを示しているのです。

50分授業・6時間がベストの教育体制

――御校での50分授業について、また、土曜日授業についてお話しください。

【北沢先生】 本校では部活動時間を保証するということで、50分授業、6時間という基本的なベースを大切にしています。45分で7時間ですと、部活動開始が午後4時以降ですので、50分がベストだと確信しています。

ただ、50分授業をするうえで、「年間の授業時数を確保する立場として、なんとか土曜日授業をさせてもらえないだろうか」という意見が教員から出ました。そこで、さまざまな方策を探った結果、実施することにしたのです。学校行事ということで、公開授業として全国に先がけて始めました。いまは、「長期休業日等の弾力的運用」の試行というなかで長期休業日を長くしてそのぶんを土曜日に割り振って実施しています。現在、土曜授業は18回行っていますが、2006(平成18)年度から定期考査も2回土曜日に行っています。そのため、実質20回ということになります。

3年生は昼休みや1時間目に選択授業がないときなどは、準備室の前に並べてある机で勉強しています。1・2年生は毎日、3年生のこうした姿を目にしているので、自然に勉強する姿勢が身につくのです。また、本校の大職員室は壁で仕切ってはありません。定期考査中でも入室できますから、生徒たちは先生の姿がすぐに見つけられて、質問しに行きやすいと言っています。自分の力で学ぶことの習慣を失わせたくない、という本校の指導としての具体的な形がここにあるのです。

――どのような生徒さんに八王子東高校をめざしてほしいとお考えですか。

【北沢先生】いま、八王子東高校には、自らの力で伸びようとしている生徒たちがいて、それを大切に育てようとしている教員集団があります。生徒には高い理想を持たせ、勉学に勤《いそ》しむ環境を整えながらも、一方では学校行事や部活動に全力で取り組ませて、教育目標達成に全力を傾けているのです。そして将来は、生徒たちがわが国を背負って立つすぐれたリーダーとなるよう教職員が一丸となって取り組んでおります。

そんな教職員といっしょになって、新たな八王子東高校を自らの手で創出していこうとする生徒さんをお迎えしたいですね。

東京都立日比谷高等学校

ノブレス・オブリージュ（社会貢献の意識）を持った人間育成をめざす

長澤直臣　校長先生

school DATA

■1878年創立。1929年に現在の永田町に移転し、1982年に新校舎が落成した。2007年度から文部科学省よりスーパー・サイエンス・ハイスクール（ＳＳＨ）の指定を受ける。

■東京都千代田区永田町2－16－1。地下鉄有楽町線・半蔵門線・南北線「永田町」銀座線・丸ノ内線「赤坂見附」千代田線「国会議事堂前」徒歩5分。

生徒数男子500名、女子460名。

tel：03－3581－0808

「公立高校の復権」の先頭を走る名門・東京都立日比谷高等学校。自校作成問題を全国の公立高校で最初に実施し、「骨太で重厚な進学校」をスローガンに、進学指導重点校としてさまざまな改革に取り組んでいます。シラバスをいち早く作成して配り、本来の授業と土曜、長期休業中の講座・講習をリンクさせた指導が光ります。名門校の新しい時代をつくる、東京都立日比谷高等学校の長澤直臣校長先生にお話をうかがいました。

府立一中からの名門・日比谷高校

——日比谷高校といえば名門校として知られていますが、沿革と教育理念についてお話しいただけますか。

【長澤先生】 本校は1878（明治11）年に東京府第一中学として生まれました。その後、1899（明治32）年に日比谷公園の隣に校舎ができ、1929（昭和4）年に現在の永田町に移転しました。当時は府立一中（東京府立第一中学校）と呼ばれていました。校地は日枝《ひえ》神社の隣の星が丘（星陵）と呼ばれる高台にあり、江戸時代には城内にあって岸和田藩主岡部家の上屋敷があり、明治・大正時代には「タバコ王」として知られた村井吉兵衛の屋敷があっ

都立高校改革の先がけといえる日比谷高校

たところです。1950（昭和25）年に、いまの東京都立日比谷高等学校という名称に変わり、男女共学の新制高校として現在にいたっています。1978（昭和53）年に創立100周年を迎え、それを機に校舎を全面改築することになり、4年の歳月をかけて現在の校舎が完成しました。

「文武両道」や「自主自律の精神」といった旧制中学の教育理念の基本型は、本校から伝わっていったものです。「自由」といった校風も、旧制中学時代から「誇り」として持っていたものです。日比谷に入れば紳士淑女として遇され、エリートとして自他ともに認められていました。ただ、それでも生徒たち自身が自覚し、行き過ぎた行動は絶対にしなかったのです。

正門。永田町という都心にありながら、校地は広く、緑にあふれている

しかし私は、いまの生徒は少しちがうと思っています。少子化時代のなかでていねいに教育されてきた子どもたちには、きちっと指導しないといけません。昔のように自主自律の校風だけで、雑草のように育つような世代ではありませんから。

――「公立高校の復権」などと言われ、都立高校も改革に乗り出しています。御校はその先がけだと思いますが。

【長澤先生】 改革といえば、本校が独自入試を、2001（平成13）年の2月に、全国の公立高校で初めて実施しました。それから数々の改革が始まったのです。

じつは2001（平成13）年に本校に赴任する前年まで、私は教育庁で自校作成問題等の入試改革にかかわっていました。その年の9月に本校をはじめとする4校が進学指導重点校に指定されましたが、独自入試、つまり自校作成問題による入試を必須条件としました。自校作成問題はいわば「都立高校は変わる」という入口でのメッセージであったわけですが、じつは、ほかとはちがう入試を実施する以上、その入試を乗り越えて入学した生徒たちに、3年間どのような教育を約束するのかといったことこそが重要だったのです。

学校週5日制の実施にともない、その関連でカリキュラムをどのようにつくり変えるのか。2003（平成15）年には学区撤廃ということが公約されていましたから、学区撤廃後において、全都に向かって本校は3年間の教育の中身をどう変革するかということを発信する必要があったのです。

自校作成問題には大きな意義がある

——自校作成問題が「ちがう入試」であることの意義について、ご説明いただけますか。

【長澤先生】 いくつかあるのですが、まず、高校の教師は意外と中学校の学習内容をわかっていないということです。中学校の学習指導要領を熟知していない。入試問題をつくるには、そこから始めなければなりません。そのうえで、自分のつくったテストであれば入り口のテストで生徒の学力を知り、分析できるのです。

そして、当時都立の共通問題といえば本校の受検生たちのほとんどが85点くらいは取っていました。現在も、社会と理科は共通問題を使っていますから、社会は受検者の平均が90点です。これでは選抜になりません。合格してもしなくても「自分はできた」という気分になってしまう。つまり、合否の判断基準がわからないのです。入学時の学力においても入試問題次第でこんなに幅があるのだよ、ということを知ってもらうためには、学力検査で平均60点くらいになるようにつくるのが理想です。平均的な学力の生徒が一番多くなるようにつくるのです。そのような問題をつくることによって、生徒の能力を細かく見る。見た以上、今度はその後の指導はどうするかが問われることになります。そのことが重要なのです。

さらに、入試問題を確定し、管理するのが学校自身になりますと、機密性や責任という、いわゆる入試問題漏洩事件につながらないような高いモラルが問われます。いままでの「学校だから」仕方がないといった甘えた意識を変えなければなりません。

そして一番重要なのは、入試問題の作成過程で教科を越えて各教科の教師が議論をすることです。いままでは、教科がちがえば介入しないという治外法権みたいな考え方が高校にはありました。難しいといえども中学校卒業程度の入試問題ですから、英語の教師だって国語の問題を解けなくはない、数学の教師だって英語の問題を解けなくはないと思うのです。入

緑の芝生から日本の中心が一望できる

試問題を検討するのに他教科だから知らないなんて言えないのです。

本校では、何度も何度もつくり変えて、1年かけてスクラップ・アンド・ビルドの考え方でつくりあげます。自校作成問題による入試の実施は8年目になりましたが、3教科の教師たちは、一丸となって取り組んでくれています。

――自校作成問題による入試のほかに、どのような改革をされてこられたのでしょうか。

【長澤先生】 私が本校へ着任した2001(平成13)年4月には、自校作成問題による入試を受けた生徒が入学していました。ですから、自校作成問題による入試1期生と

中庭に屹立する星陵像

ともに改革はスタートしたのです。

着任したときの新1年生から、学年進行に併せてカリキュラムの改編や土曜自習室、生徒による授業評価、夏期講習の体制づくりなどを実施していきました。そして、シラバス（学習と進路）、到達度別授業、定点観測なども段階的に行っていったのです。しかし、すべての改革施策が準備され、3年間の見通しなどがわかったうえで迎え入れられる生徒というのは、着任してから3年後の生徒たちでした。やはり教育は正直なもので、結果は4年後に出てきました。

２００３（平成15）年度に入学し、２００６（平成18）年度に卒業した生徒たちは、国公立大学へ89名、難関私立大学（早大・慶應大・上智大）へ１７３名合格しました。この数字は現役合格者数です。飛躍的に伸びたのは、２００５（平成17）年度の卒業生からですが、この数値を今後さらに持続していくことができると思っています。都立高校の大学入試実績は前年度よい結果が出ると、翌年は減るといわれてきました。これは過年度生（浪人生）を含んだ数値でその実績をみてきたからです。現役生だけに視点をおいて考えてこそ、その学校の3年間の教育力の成果がわかるのです。

改訂していくことで有効になるシラバス

――都立高校でシラバスを公開したのは、御校が初めてでした。

【長澤先生】 ２００３（平成15）年に作成を開始してから、改訂が続けられています。シラバスは年ごとの改訂の必要が生じてこそ意義あるもの、有効なものといえます。本道の授業とリンクさせているわけですから。本校には4月と10月に行う「進学指導検討会」があり、それを「定点観測」として進学指導体制に位置づけています。定期テスト・校内実力テスト・校外模試の結果を、定期的かつ経年で比較し、全国のデータとも照らし合わせることで、目標管理型の進学指導の充実を図っているのです。この「定点観測」により示された各教科指導の〝改善・検討の余地〟は、おのずと次年度のシラバスの内容に反映されることになります。そして、そのシラバスを前提に「生徒による授業評価」を年に2回行っています。授業評価は教師のランクづけではなく、教師の授業パターンの認識を明らかにすることを目的として実施しました。
シラバスをつくって一番気をつけなければならないことは、つくって終わりにしてしまうことです。教科書の目次を列記しただけのシラバスがよくあります。その場合、改善のための修正がなく、改訂の必要もないわけですから、すべての教科の教師と、生徒との共有財産、いわば達成協定になっていないと思います。端的に言えば、同じ担当者が同じ内容で共同的につくっていない。もっと踏みこんで言えば、教師全員が参加していないのです。公立学校は、全員参加していないことが多いからすべてだめなのです。補習をやっても生徒による授業評価をやっても、教師のなかには誰か参加していない者がいるのです。それを許してしまうとアベレージがつくれません。つまり、「基本形」というのは平均値ですから、全員が参加しないと、この「基本形」がつくれないのです。平均値があって初めて、自分の個性がどう生きるのかが見えてくる。人は人に揉まれて勁《つよ》くなり育つのです。教師同士も生徒同士も。

——到達度別授業についてご説明くださいますか。

【長澤先生】 本校では、英語と数学で行っています。2クラス3展開とし、グレードは「標準型」と「発展型」で、生徒の学力に応じたクラス分けになっています。到達度別授業は、2年次から行うことにしました。それは、1年次から、つまり入学直後に「学力別」を行うと、

特別教室も充実している

学力を入学の時点で決めつけられたように生徒が思ってしまうのではないかと考えたからです。2年生になると生徒の方でも自分の力を自覚してきます。たとえ、多少は自分の力に見合わない生徒が「発展型」を希望をしてきたとしても、それは「果敢な向上心」として受けとめ、意気ごみを買って希望を叶えています。「標準型」と「発展型」のクラス組みかえは、本校は2期制ですから、前期・後期、年に2回実施します。入れかえをしなければ、到達度別授業の意味もありませんから。

――御校においては学区制や学校群制度による入試の変容が、とくに影響してきたように思われますが。

【長澤先生】学区制撤廃にいたる以前の学区制緩和のころにあっても、学区を越えて都心の公立校に行くには他学区定員枠などの大きな制約がありました。私学の名門校に行くために都心に出てくる生徒が多いのを見てもわかるとおり、私学は広く近隣の県からも生徒を集められます。対抗するわけではありませんが、学区撤廃下においてこそ、全都から期待される日比谷が一番日比谷らしさを取り戻せるのだと思います。よく、「東京の西（高校）、全国の日比谷（高校）」と言われますが、これは生徒の集まってくる地域範囲がちがうからだと思います。本来、都立高校というのは、地元優先の地域立脚型ですが、本校の場合は特殊なのです。1学年320名の生徒の出身中学は現在240校です。どれだけ広範囲からきているかがわかるでしょう。

知的に背伸びしあって互いに勁《つよ》くなれ

――先生と生徒が交流するうえで、御校における特徴的なことはありますか。

【長澤先生】本校の伝統に「人は人のなかで揉まれて人となる」という言葉があります。本校の「星陵像」は、このことの象徴でもあります。生徒は教師に刺激を受けるけれども、実際には自分で育つのです。「背伸びしあって勁《つよ》くなる」ということです。仲間同士を見あって、

「ここが一番落ちつく」という生徒に評判の図書館

背伸びしあって育っていく、というよい意味の言葉だと思います。背伸びは人にさせられるものではなくて、自分でするものですから。仲間と自分を比べることによって、がんばらなければいけないなと思い自覚する。そうして人の能力は伸びるものですから、そこまで生徒をいかに追いこんでいくかが教師の力量といえるのです。教師が教えている以上、どんなにすごい教師がうまく教えても、それはただの教えこみ、いわば「つめこみ」にしかなりません。

　かつて本校は１００分授業でしたが、生徒が教師に代わって発表する型の授業が多かったと言います。教師は軌道修正の声をちょっと出すだけ、というのが日比谷高校の授業でした。ときに、教師よりものごとをよく知っている生徒が何人もいたという話です。教師はいわば学習者である生徒のコーディネーターです。教師が示すのは授業計画で、夏までにここまでやっておかなくてはいけない、1年ではここまではやるといったものです。ただ、そういった授業計画は教師個人のものであり、その教師が異動すればなくなってしまいました。それを私は学校の共有財産として残るシラバスとしてつくらせました。

本校のシラバスの特徴は、全教師が授業担当者として同じ授業内容と計画を約束していることです。非常勤講師も同様です。

講座・講習は本道の授業プラスアルファの役割

——御校には「土曜講習」や「夏期講座講習」がありますが、どのようなものかについてご説明ください。

【長澤先生】 学校週5日制が導入された2002（平成14）年度に、1日の授業数を45分7時間としました。これには、2時間続きの90分授業や、自由選択の8、9時限の特講演習も組みこんでいます。本校は伝統的に2期制であり、本道の授業だけでよかったのですが、土曜日に学校を開放して自学自習の場を提供しようという動きがありました。それで、本校の現

都会の真ん中とは思えぬ静謐な空間がここにはある（写真はプール）

役大学生のＯＢたち、たとえば現役の東大・早大・慶應大・お茶の水女子大・東工大などの学生たちによる「学習のサポート」を目的に、土曜自習室を始めたのです。やがて教員による「土曜講習・補習」授業も行われるようになり、教員が行う補習は「日常の授業からさらにプラスアルファして伸ばすためサポートする」もの、土曜自習室は「日常の授業の遅れを取り戻させるための精神面をサポートする」もの、というようなぐあいにその機能が少し変わってきました。

「夏期講座１００講習」も本道の授業プラスアルファの役割として考えています。講座内容は当該年度の5月の末までには決定して、生徒の申し込みを受けます。生徒たちは、講座を決めることにより、夏休みの計画が学校中心の生活になり、予備校での学習は補完的になります。

しかし本校では、講習は、本道の授業を補う「補習」としてではなく、あくまでも自主的に、生徒自らがプラスアルファ＝伸びるための講習として位置づけています。

――御校の生徒さんに対する感想をお聞かせください。

【長澤先生】 生徒は、勉学や部活動、行事と結構ハードな学校生活を送っていると思います。勉強や部活動を目一杯やっていますが、私は「つらい顔をせず、笑うこと」と言っています。仲間がカラッと笑っているのだから自分も笑ってしまえと。なんでもないような顔をして、本番になったらサラッとやってのける生徒になれ。そして「上を向いて明るく歩こう」と言っています。だから生徒たちはきわめて自由闊達です。そして、卒業したとき日比谷で学んで本当によかったと思えることが大切です。

本校の生徒にはさらに、各界で活躍する本校卒業生によるゼミ形式の講座などのキャリア教育をとおして、社会貢献の大切さにも気づいてもらいたいです。「ノブレス・オブリージュ（社会貢献の意識）」を持った人間に成長していってほしいと思います。そのことが公立学校における真のエリート育成であると考えるからです。

Ⅱ章　進学重視型単位制高校

第2部Ⅱ章でご紹介するのは、進学重視型単位制高校である国分寺・新宿・墨田川3校の校長先生にお話いただいたインタビューです。2007年6月には、新宿と国分寺は「進学指導特別推進校」に、墨田川は「進学指導推進校」にも指定され、さらに注目を浴びています。

進学重視型単位制高校の特徴は、「生徒自らが学ぶ授業を選択できる」ということにあります。これら3校の場合、1~2年次は基礎学力の養成のため必修科目を中心としていますが、各校とも多種多様な選択科目を用意しており、生徒たちは自分の興味・関心に基づいた科目選択ができます。とりわけ、3年次の選択科目は充実しており、大学入試を見据えた実践的な演習科目から、自分の教養を高めるための科目までさまざまです。「単位制」という少し特殊なシステムと「進学指導」をいかに両立させ、学校改革を行ってきたのか。それらを最前線で指揮してきた各校長先生の言葉から、各校の実相に迫りました。

東京都立国分寺高等学校

多様な選択科目を進路に結びつける進学重視型単位制高校

勝部純明　校長先生

school DATA

■1969年創立。2002年に「進学重視型単位制高校」として再スタートを切った。2007年６月に進学指導特別推進校にも指定される。

■東京都国分寺市新町３－２－５。JR中央線「国立」バス10分、徒歩20分、西武国分寺線「恋ヶ窪」バス10分。生徒数男子511名、女子452名。

tel：042－323－3371

「知・情・意」を備えた人間の育成を目標としている東京都立国分寺高等学校は1969（昭和44）年に創立された戦後生まれの高校で、2002（平成14）年に「進学重視型単位制高校」として生まれ変わりました。ここでは生徒一人ひとりの進路に応じた選択科目が用意され、英・数・国などでは習熟度別の少人数指導が実施されています。長期休業期間には充実した補習が実施され、難関大学への合格実績を伸ばしている東京都立国分寺高等学校の勝部純明校長先生にお話をうかがいしました。

「進学重視型単位制高校」として再スタートを切る

――まず、御校の沿革についてお話しください。

【勝部先生】本校は1969（昭和44）年に、国分寺市の大きな期待を受けて開校しました。当時は学校群制度がありましたが、本校は学校群に属さない都立高校ということで大変人気があり、進学実績を伸ばして多摩の都立高校御三家（立川・国立《くにたち》・国分寺）といわれました。その後は、部活動のさかんな学校、「文武両道」の学校ということで期待の高い学校でした。

2002（平成14）年に「進学重視型単位制高校」として改編され、再スタートしました。

「知・情・意」を備えた人材育成を目標とする国分寺高校

この年、校舎の全面改築があったのですが、それに合わせて、新しいタイプの学校として指定されたのです。これにより、他校に先がけて学区制にとらわれない募集ができ、受検生は全都から出願できるようになりました。

――「教育目標」としてはどのようなものを掲げていますか。

【勝部先生】「知・情・意」を兼ね備えた調和のとれた人間の育成を目標に据えています。

「知」という部分では、単位制を生かした習熟度別の少人数授業を核とする、基礎・基本から進路実現までのきめ細かな学習指導を徹底しています。

「情」の部分では、3年次生を軸にクラスを縦割りにして、国分寺生のアイデンティティを継承する「木もれ陽祭《こびさい》」を中心に、生徒の自主的な活動を重視して、連帯感や誇りを共有できるようにしています。

「意」の部分では、都立高校のトップを目標とする部活動の奨励です。高い目標をめざして諦めない強い心をきたえます。「きめ細かな学習により学力を高め、学校行事で心をひとつにし、都立1番を目指す部活動」をスローガンにしています。

――御校は「進学重視型単位制高校」ということですが、具体的にご説明ください。

【勝部先生】 通常、単位制といいますと、多様な選択科目のなかから生徒の興味・関心に応じて、選択をする学校を指します。この場合、生徒が興味・関心を中心にして選択するため、進路に結びつかないという課題がありました。本校は、進学を第一に考え、一人ひとりの進路希望に沿って、学習段階に応じた選択をするように指導しています。その結果、授業中に生徒同士の切磋琢磨が生まれ、授業の効率もよくなります。

具体的に説明しますと、1年次は芸術の選択だけで、あとは共通科目です。2年次では文系と理系に分かれます。ただし、クラスは分けません。同じクラスのなかに文系の生徒と理系の生徒がいます。2年次には13単位の選択科目があり、そのうち文系は9単位、理系は6

単位が自由選択となります。それぞれの単位をかならずすべて取るよう指導していますので、授業が早く終わったり、2～3時限目から登校するといったことはありません。1・2年次生は1～6時限目まで授業です。3年次には、最大で19単位まで取れる選択科目が設置されています。

習熟度別の少人数教育

――御校では「習熟度別授業」を行っているということですが。

【勝部先生】 進学のための基礎となる教科である英・数・国を習熟度別の少人数教育にすることで、基礎学力がつけられるようにしています。「古典」は1年次が3単位、2年次が文系4単位、理系3単位です。「数学」は、1年次が数学Iの3単位、2年次の数学IIは、文系・理系ともに4単位です。「英語」は、1年次がオーラルコミュニケーションIの3単位、2年次のライティングは文系・理系ともに2単位、3年次がライティングの2単位です。これらを、習熟度別に2クラスを3展開して行います。3年次の「古典」「数学」は少人数クラスでの選択科目になるので、習熟度別と同じ効果があります。

化学Iは、1年次に2単位ですが、クラスをふたつに分けてふたりの教員が同時に授業を

「一人ひとりが納得できるまで」の授業が進められる

行っています。化学は理科の中心的な科目です。理工系は物理・化学、生化学や農学系、文系は生物・化学という組み合わせが多いからです。化学は実験を多くしていますので、観察する力や分析する力がつき、文系・理系の選択もスムースになります。

――選択科目には基礎系・演習系・発展系がありますね。

【勝部先生】「基礎系」は基礎学力の育成・充実、「演習系」は大学入試に対応した応用力の育成、「発展系」は大学教育に結びつく専門的学習、と位置づけて設置しています。それぞれが2年次と3年次で取れるようになっています。「基礎系」は同じ科目を2年次でも3年次でも取れるようにしています。これが単位制の特色で、進路希望が変わったときや、あるいはどの科目を先に取るかという際に、どちらにも対応できるようにしてあります。

2・3年次での「演習系」は、大学入試センター試験に対応する学習を終わらせたあとの国公立大の二次試験や、私大対策のための演習を中心にした選択科目です。3年次での「発展系」は、入試のための演習よりもさらに一歩踏みこんだ専門性の高い選択科目になっています。2年次と3年次で同じ科目が取れますので、2〜3年次生が同じクラスで同時に授業を受けるということもあります。

このように、3つの系列をつくることが「習熟度別授業」になっているのです。基礎力に不安のある生徒は「基礎系」の科目を、一定の理解ができている生徒は「演習系」の科目でさらなる実力を養うことができます。同じようなレベルの生徒でクラスを構成していますので、生徒同士が切磋琢磨しあう質の高い授業ができます。本校の進学実績をあげるひとつの原動力になっていると思います。

5分間の小テストで復習にも力を入れる

――御校の年間2期制50分授業についてご説明ください。

豊富な選択制の授業や少人数授業のため、小教室がいくつも用意されている

【勝部先生】 本校は、単位制になってから2期制を導入しました。じゅうぶんな授業時数を確保するためです。2期制の学校は、通常ですと定期考査が4回ですが、本校は5回行っています。こまめに試験を実施することで、生徒自身も学習内容の理解度がより把握しやすくなり、そのたびに復習して定着を図ることができます。また、生徒の負担も少なくなると考えています。

当初は45分7時間授業でスタートしましたが、現在は50分6時間授業です。その理由は、45分授業にはふたつの課題があったからです。ひとつは、7時間ぶんの予習は、生徒にゆとりがなくなることです。ふたつめは、生徒の自宅学習を確保するために、部活動は5時30分までで下校は6時としていますので、部活動の時間が短くなってしまうことです。

50分授業に戻して増えた5分間を有効利用しようと、小テストを導入しました。小テストは復習になります。本校の生徒は中学生のとき塾に通っていた者も多く、「講義を受けて復習する」というスタイルに慣れており、これを生かした方法として効果をあげています。毎日の積み重ねが3年続くと底力になります。

長期休暇中に豊富な補習が用意されている

――「土曜授業」と長期休暇中や放課後の補習についてお話しください。

【勝部先生】 東京都教育委員会から本校は「長期休業日等の弾力的運用試行校」に指定されていますので、2006（平成18）年の夏休みは7月12日からで、8月29日には授業を始めました。7月20日までは午前中は希望者を対象に補習を、午後は部活動の期間としています。7月13日から8月25日まで、1週間単位の夏季補習を70講座実施しました。1年次生11講座、2年次生17講座、3年次生には42講座あります。夏休みを弾力化したことで、土曜日に授業や学校行事などの「土曜授業」を行っています。

冬休みには21講座実施しました。1年次生5講座、2年次生4講座、3年次生12講座です。

職員室に質問にくる生徒も多い

1日に最低2講座は取れるように配慮しています。朝と放課後は、生徒の申し出や希望により国語・数学・英語の3教科を中心に、先生を囲んで少人数で行われる補習がさかんです。

――最近では大学入試センター試験の結果で合否を判定する「大学入試センター利用入学試験」を取り入れる私立大学が増えてきましたが、御校での対応を具体的にご説明ください。

【勝部先生】 2年次までに大学入試センター試験で出題される範囲に関しては終えてしまおうというのが、本校の考え方です。1・2年次でセンター試験に対応できるカリキュラムになっています。2年次の第2

回目の実力試験からセンター試験と同形式となる5教科7科目の試験を実施しています。また、2年次の後期からセンター試験を視野に入れた授業内容となります。

3年次のセンター試験前には19時まで学校の居残りを認めており、3年の担任が中心になって指導しています。また、本校の特色のひとつとなっているサテライト講座（予備校の授業のビデオ視聴）では、センター試験に対応した科目が揃えてあり、ゼミ室で放課後だけでなく通常時間でも見られるようにしています。

3年間をとおした進路・進学指導

――進路・進学指導はどのようにされていますか。

【勝部先生】 1年次の「総合的な学習の時間」を使い、キャリアガイダンスを行っています。前期は職業調べをします。夏休みを中心に、いろいろな職業のかたたちにインタビューをします。海上保安庁の巡視艇に乗せてもらったりもしています。後期には、希望する職業に就くためには大学でどのような勉強をすればよいのか、その勉強ができるのはどの大学なのか、大学の学部・学科調査をします。

本校は9月上旬の「木もれ陽祭」を終えると、後期は3月の球技大会まで学校行事がありません。勉強と受験に集中します。唯一、1年次生が秋に、進路遠足で大学訪問をします。
2年次生は、夏から秋にかけて進路講演会や大学のオープンキャンパスに参加して、志望校を絞っていきます。また、1・2年次ともに担任と年3回の個人面談を行いますが、そのときにこれらの結果をふまえて指導します。3年次になると、「総合的な学習の時間」に一人ひとりが進路に関連した研究テーマを設定して学習します。
このような3年間の一貫したキャリア教育のおかげで、科目選択がスムースに行われ、志望校選びも適切になるのです。大学進学について本校が都立高校のなかできわめて高い現役合格を実現しているのは、この成果といいえます。

——御校での「高大連携」についてご説明ください。

【勝部先生】「高大接続教育プログラム」という、他校にはないユニークなシステムがあります。本校と中央大商学部や東京薬科大生命科学部とが連携し、この大学へ入学することを前提として、生徒に大学準備教育を行います。プログラム受講者は、論文審査や面接などを経て合格となります。また、東京学芸大、東京農工大、中央大（商・理工）、津田塾大、明治薬科大、東京経済大、日本社会事業大の7大学を対象に「高大連携」を行っています。これらの大学で受講した授業は、正規の単位として本校で認定します。中大、津田塾大、明治薬科大、東京経済大では、受講者が希望すれば大学の試験を受けることができ、評価結果によっては受講者がこの大学に進学した場合、大学の単位として認定されます。

また、２００４（平成16）年度より都教委の主催で始まった「東京未来塾」という改革型リーダーの養成を目的とした人材育成コースもあります。高校３年生を対象としており、定員は50名（都立40名、国私立10名）で、月２回の土曜日に未来塾の講義を受け、夏合宿などのプログラムに参加します。塾修了者は「首都大学東京」に推薦入学ができます。本校では受講生徒のために教員による支援講座を毎週火・木の午後に設けています。

――大学合格実績が伸びていますね。

【勝部先生】 ２００７（平成19）年３月に「進学重視型単位制」の第３期生が卒業しました。国公立大学の現役合格者数は49名、過年度生（浪人）が10名。私立大学では現役６２４名、浪人１２０名となっています。単位制になる前と比べると国公立大学や難関私立大学合格者数は倍増しました。ＭＡＲＣＨと呼ばれている人気の高い大学でも同様で、都立では本校が合格率の一番高い伸びを見せていると思います。２００５（平成17）年に東大、２００６（平成18）年は京大と続いた難関国立大学の現役合格者ですが、２００７（平成19）年は東大２名となりました。

3年生が中心の「木《こ》もれ陽《び》祭」

――部活動と、先ほどからお話に出ている「木もれ陽祭」についてお話しください。

【勝部先生】 人気のサッカー部については、サッカーをやりたくて国分寺に来たという生徒も多く、大変優秀な生徒が多いです。ほかにも、過去5年を振り返ってみますと、女子ハンドボール部や剣道部、女子バレー部、サッカー部、ソフトテニス部、今年に入って水泳部と陸上部が関東大会に出場しています。また、陸上競技では兵庫国体の東京代表にもなりました。文化系の部活動としては、吹奏楽部が70～80人の大所帯で、金賞・銀賞の常連校として活躍しています。

9月の「木もれ陽祭」とは、本校の学園祭です。最大の特徴は、3年次生を中心として、合唱祭・文化祭・中夜祭・体育祭を連続して行うことです。体育祭では応援団が縦割りで1組から8組まで8色（団）に分かれ、3年次生が団を仕切って、1・2年次生の世話をし、ひとつにまとめます。本校では、生徒は自分たちのことをブンジ生といいますが、「木もれ陽祭」を経験してブンジ生になり、「木もれ陽祭」が終わると同時に受験に切り替えるという伝統が根づいています。学校行事も部活動も大学受験も全力投球するのがブンジ生です。先輩

自学自習に励む環境も整っている

を見て、先輩に憧れ、先輩を越えようという気持ちを強くします。それが本校の強さの原動力となっているのです。

――御校の「自校作成問題」はどのような視点に立って工夫されているのでしょうか。

【勝部先生】 本校の自校作成問題は、本校から中学生へ、こういう力をつけて入学してほしいというメッセージだと思ってください。たとえば、英語と国語に関していえば、普通の都立の問題よりも長文を多く出題し、英語では会話文を入れたりしています。それが、高校での勉強につながるからです。高校は入ることが目的ではありません。将来につながる学問・研究の入り口なのです。基本的に平均点が60点になるように問題をつくっています。じつはそのできによって、習熟度別授業の工夫をしているのです。ですから、みなさんの弱点を補う授業を展開していきますので、ぜひ積極的に受けていただきたいと思っています。

――最後に、どのような生徒さんに入学してほしいですか。

【勝部先生】 素直で、高校生になって伸びる生徒です。ガッツのある生徒です。そういう人たちを本校で育てていきたいと思っています。

東京都立新宿高等学校

生徒一人ひとりが次の時代を担うリーダーたれと願う

篠田直樹　校長先生

school DATA

■1921年、東京府立第六中学校として創立。2003年、進学重視型単位制高校に改編される。2006年文部科学省より「学力向上拠点形成事業推進校」に指定、2007年６月に進学指導特別推進校としても指定される。

■東京都新宿区内藤町11－4。JR線「新宿」徒歩4分、地下鉄「新宿3丁目」徒歩4分、大江戸線・新宿線「新宿」徒歩7分、小田急線・京王線「新宿」徒歩10分。西武新宿線「西武新宿」徒歩11分。2008年６月には地下鉄副都心線「新宿三丁目」開業予定、徒歩１分。生徒数男子480名、女子487名。

tel：03－3354－7411

「翔べ知の森　新宿高校へ」をキャッチフレーズに、大きく変わる東京都立新宿高等学校。7階建ての新校舎とカリキュラムの充実が改革への熱意を伝えています。「国公立コースⅡ」の設置や「勉強合宿」での学力パワーアップは、国公立大・難関大学への進学を可能にします。2007（平成19）年度からの新体制づくりを進める東京都立新宿高等学校の篠田直樹校長先生にお話をうかがいました。

「全員指導者たれ」を教育理念に据えている

――御校の沿革と教育理念、教育方針についてお話しください。

【篠田先生】 本校は1921（大正10）年に東京府立第六中学校として創立されました。1950（昭和25）年の学制改革にともないまして、東京都立新宿高等学校と改称され、男女共学となりました。2007（平成19）年3月59回生が卒業し、86周年を迎えるところです。

本校では、一貫して「全員指導者たれ」という教育理念を実践しています。21世紀に入り、社会のグローバル化が大変な勢いで進んでいますが、いまこそ「全員指導者たれ」の理念に基づき、新たな時代のリーダーを輩出していきたいと考えています。

「翔べ知の森　新宿高校へ」というキャッチフレーズのもと、改革が進行する

この教育目標を満たすため、教育方針として「自主自律の精神」と「人間尊重の精神」を育成目標としています。

――御校は「進学重視型単位制高校」のうえに2007（平成19）年度、新たに「進学指導特別推進校」にも指定されましたが、現在の教育内容についてご説明ください。

【篠田先生】 単位制高校はどんな科目を取っても自由という誤解が一部にありますが、本校では可能なかぎり共通の科目をきちんと学び、全員が大学入試センター試験に対応できるようにしています。2年次から文系と理系の類型に分かれますが、必修科目が多い形になっています。3年次からは自由選択科目が多くなります。自由選択科目には基礎系選択科目、応用系選択科目、発展系選択科目の3種類があります。講座数が多いため教員数も通常の学校に比べて12名多く、生徒の興味・関心・能力に応じてきめ細かく指導ができます。

もうひとつは習熟度別学級です。本校の場合は英語・数学・古典・理科で習熟度別授業を行っています。基本となるのは、のべ12科目1クラス2展開ですが、一部に2クラス3展開があります。クラスは1クラスが40名で、各学年8クラスになっています。本校では自分が所属する基本のクラスとしてホームルームクラスがあります。

「国公立クラスⅡ」が新しくスタートする

――「国公立クラスⅡ」が、2007(平成19)年度の春の新1年生からスタートしましたが、このクラスについてご説明ください。

【篠田先生】 この「国公立クラスⅡ」には、自学自習を3時間、勉強合宿にはかならず参加、講習と部活動が重なったときは勉強を優先という決まりがあります。選抜制ではなく、本人の意欲を尊重したいと思いますので希望制にしています。現在、1年生8クラスのうち2クラスが「国公立クラスⅡ」になります。

外光がふんだんに採り入れられており、さわやかで明るい

――御校は2学期制、50分授業ですね。

【篠田先生】授業時数をより多く確保するために2学期制にしています。50分授業が基本ですが、火・木・金曜日は発展系選択科目を中心にした授業が7時間目、8時間目に入ります。発展系選択科目にはドイツ語やフランス語、英会話、電磁気演習、音楽基礎実習、美術理論といった科目があります。

――土曜日授業、放課後補習、夏期講習などについてご説明ください。

【篠田先生】本校は「長期休業日等の弾力的運用の試行校」に指定されています。土曜日は年間27回授業が入っています。補習の時間帯は通常の日の放課後、土曜日の午後、そして長期休業中です。夏休みは7月21日から8月26日までで、秋の学校教育活動が他校より1週間早く始まります。夏期講習は土日を除く7月下旬から8月末までほぼ毎日です。2006（平成18）年度実績は、合計1891時間になります。

生徒へは年間3回以上、個別の学習進路ガイダンス、いわゆる個別面談を行いますので、それに基づいて指導をしていきます。基本的に本校は、授業と補習などの学習サポートをきちんと受け、なおかつ自宅学習をきちんとすれば国公立大および難関私大は合格できる、という私立に見られる自己完結型の学校です。ただし、「学年数プラス2時間」の自学自習をきちんとやりきれるかどうかがカギになります。

——御校でもシラバスをつくっていますね。

【篠田先生】シラバスは各学年次の「年間授業計画」として年度当初につくり、生徒に提示します。またこれと並行し、科目別の「履修の手引き」という形で各教科の科目に関して具体的な履修予定、講座内容などをつくり書類を発行します。さらに、おもに勉強の方法をまとめた「学習の指針」という冊子を、第1年次・第2年次・第3年次ごとにつくっています。私たちは「三種の神器」と呼んでいますが、これらを3点セットにして生徒に配ります。自学自習を含めた学習の方法をきちんと生徒に伝えていくようにしているのです。

「勉強合宿」で学力アップ

――勉強合宿の話が出ましたが、こちらはどういったものでしょうか。

【篠田先生】 勉強合宿はこの２００７（平成19）年度からスタートしたもので、学年によって時期がちがいます。１年次の正式名称は「秋のステップアップ」で、10月２日から４日の２泊３日、八王子のセミナーハウスで行います。２年次の正式名称は「夏のパワーアップ」で、７月23日から26日の３泊４日、江東区の東京スポーツ文化会館で行い、非常に実りある成果を得ました。

――セミナー合宿もあるとうかがいましたが、勉強合宿とはまたちがうものなのでしょうか。

【篠田先生】 セミナー合宿は１年生を対象にしたものです。２００６（平成18）年度から実施している新規事業で、３つの目的があります。ひとつ目は学習に対する態度をきちんとつくらせること、ふたつ目は集団生活におけるけじめをつけさせること、３つ目は集団生活における人間関係を形成させていくことです。１泊２日で４月10日から11日に箱根で実施しています。

1日目はおもに学習や進路に関するガイダンスを3～4時間行います。2日目は「奉仕」関係で、何班かに分かれて見学をしたあと、奉仕活動を行います。単に友人ができるということではなく、学習への動機づけをきちんと行い、集団生活のけじめと規律を学んでいくのです。

——キャリアガイダンスなどの指導はどのようにされていますか。

【篠田先生】 広い意味のキャリア教育と、いわゆる進学指導は若干ちがうと思います。私たちは進学指導とは別に、広い意味のキャリア教育を学校の全教育活動のなかで行っています。その軸は「総合的な学習の時間」において組まれている自己理解から自己決定という3年間のプログラムです。それには、いわゆる大学のオープンキャンパス見学なども含まれています。また、各界で活躍されている卒業生をお招きし、進路講演会も実施しています。

キャリア教育の基本は人間関係形成能力です。本校は学校行事や部活動をとおして人間関係形成能力をきちんとつくっていくことをキャリア教育のひとつの基礎としています。

——国公立・難関大学の合格実績と今後の数値目標をお聞かせください。

【篠田先生】 2007（平成19）年度の実績を申しあげます。国公立大は現役・過年度生（浪

自学自習するための環境が整っている

人）を含めて2006（平成18）年度は27名が合格しましたが、2007年度入試では42名（うち現役33名）が合格し、1・6倍になりました。早大は2006（平成18）年度の18名に対し、2007（平成19）年度は35名（うち現役25名）でした。慶應大は2006（平成18）年度6名に対し、2007（平成19）年度12名（うち現役7名）です。上智大は2006（平成18）年度3名に対し、2007（平成19）年度6名（うち現役4名）となっています。前年度比では、都立トップクラスの伸張を示すことができました。

過去3年間の国公立大および難関私立大の平均合格者数を10%ずつ伸ばしていくのが本校の目標です。今後も目標どおり確実

本と向き合う静かな時間を提供する図書館

に増えていくと思います。

――部活動はどのようなご指導をされていますか。

【篠田先生】部活動は基本的に運動部でも文化部でも入りなさいという指導をしており、結果的に9割強の生徒がなんらかの部活動に参加しています。朝の部活動も行っています。

本校は定時制がありますので、部活動の終了は午後5時。そしてそれ以降、午後8時まで自習室を開放します。つまり、遅くとも午後5時15分（最大）までに部活動を終え、学校に残って3時間の自学自習ができるということです。定時制とはフロアがちがいますので、交替に支障が出ることはありません。

――運動会と文化祭の「朝陽祭《ちょうようさい》」についてお話しください。

【篠田先生】 運動会には、本校では女子の騎馬戦があり、これは伝統になっています。本校はグラウンドが狭いので、駒沢競技場を会場にしています。

「朝陽祭」は、1年生は演劇を、2年生は展示と演劇、あるいはミュージカルを行います。3年生につきましては行事から身を引いて勉強一本にするという考え方もありますが、本当のリーダーは短い時間に集中してなんでもできなければいけないという考えのもと、参加を許可しています。勉強にしても行事にしても、集中力を持ってやれば、だらだら長時間やるよりはるかに効率的だと思います。

――高校時代は思春期真っただ中という難しい時期ですが、親の立場としてお子さんへの接し方についてアドバイスをお願いします。

【篠田先生】 私が保護者に申しあげているのは、「善悪の規準はきちんと教えてください」ということと、社会の一員であることを自覚させる意味で、「家の手伝いはかならずさせてください」ということだけです。あとはご家庭とのいっそうの連携も必要だと思います。

7階建ての新校舎で充実した施設・設備

――御校は7階建ての立派な校舎を新築されたばかりですが、施設面も含めて御校のアピールをお願いします。

【篠田先生】 まず、冷暖房が完備しています。また、教室内では左に新宿御苑をのぞみながら黒板に向かうという最高の立地です。卒業アルバムなどはかならず新宿御苑にクラス単位で撮りに行きます。それから、本校には冷房が入る体育館がありますが、都立では2～3校ぐらいしかないようです。また、本校のパソコン機能が入ったLL教室、CALLシステム・自学自習支援システムがついているため、有名になっているそうです。

加えて、本校は繁華街のなかにある学校ですが、保護者のかたのご心配になるようなことは全くないと申しあげておきたいと思います。

――立派な自習室がありますが、自習室はやはり有効ですか。

【篠田先生】 有効です。本校レベルの生徒でも家庭で自学自習するのはなかなか難しいものです。私たちの発想は、学校が自学自習できる環境づくりをどれだけできるか、というところにあります。この自習室は夜の8時まで開放し、図書館とともに多くの生徒の自学自習の場となっています（ほぼ毎日、年末年始を除く）。

――御校の自校作成問題についてお話しください。

【篠田先生】中学校の学習指導要領に基づいてつくりますので、難問・奇問はありません。平均点は50点から60点ぐらいです。通常の都立高校の入試は基礎に重点をおいていますが、それよりは難しいかと思います。なぜ自校作成かといえば、本校が求めている学力を確認するためなのです。私たちは入試問題の平均点を公開しており、新宿高校の生徒としてのレベルを目標に勉強してくださいと言っています。都立高校のなかで最も安定している自校作成問題ではないかと思っています。２００８（平成20）年度の入試においてもこのポリシーは変わりません。

――御校にはどのような生徒さんに入学してほしいですか。

【篠田先生】ひとつ目は一定の学業成績を修めており、入学してから大きな夢を形成して、国公立大や難関私立大に挑戦するという志を持っている生徒。ふたつ目は、勉強を単なる暗記と捉えず、社会生活のなかで勉強の意味を見出していこうと考える生徒。３つ目は、勉強だ

ここでは集会などが行われる

けでなく、部活動・生徒会活動・学校行事などに自らかかわっていき、リーダーシップを取れる、あるいはリーダーシップを取っていきたいと考えている生徒。最後に、「時を守り、場を清め、心を正す」という社会生活の基本を理解し、良識とバランスの取れた生活を送ろうとしている生徒。本校のコンセプトを聞き、あるいは見学に来て、本校を好きになった生徒に受検してほしいと思います。

東京都立墨田川高等学校

明確な目的意識を持ったうえで
確かな学力を持つ生徒を育てる

大澤紘一　校長先生

school DATA

■1921年東京府立第七中学校として創立。2002年に創立80周年記念式典を行う。2000年、進学重視型単位制高校に、2007年６月進学指導推進校に指定される。

■東京都墨田区東向島3－34－14。京成線「京成曳舟」徒歩8分、東武線「東向島」徒歩5分。生徒数男子436名、女子511名。

tel：03－3611－2125

進学を重視する単位制高校になって8年。2007年6月には、「進学指導推進校」にも指定されました。学校改編と同時に第二校舎も建ち、学習環境も整った、ここ東京都立墨田川高等学校では、基礎学力の育成とともに、大学への円滑な接続を図るための先進的な取り組みが実践されています。「特進クラス」の設置はそうした改革のひとつです。制服の採用を決めて、保護者・地域社会から信頼される学校へとイメージチェンジも果たした東京都立墨田川高等学校の大澤紘一校長先生にお話をうかがいました。

「知性」「創造」「自主」が教育目標

――御校の沿革からお話しください。

【大澤先生】 本校は1921（大正10）年に東京府立第七中学校として創立しました。1948（昭和23）年には学制改革により、東京都立第七高等学校となりました。そして1950（昭和25）年になって、東京都立墨田川高等学校となったのです。

その後、2000（平成12）年4月に進学重視型単位制第一期生が入学しました。1989（平成元）年に現第一校舎が完成し、2001（平成13）年に現第二校舎が完成しました。

現在、さまざまな改革案を打ち出している墨田川高校

今年で85周年を迎えた伝統校です。

2006（平成18）年度の卒業式では、同窓会の会長さんが祝辞のなかで東京大空襲の体験を話されました。1944（昭和19）年に当時の七中に入学され、いろいろな事情で1年次生だけがこの地域に残っていたとき、空襲に遭ったそうです。校舎がすべて焼けてなくなりましたが、となりの寺島小学校や言問《こととい》の国民学校に間借りして、1948（昭和23）年4月には新しい学校ができたそうです。

本校は古くからの名門校ですから、できるだけ早く生徒たちに授業を受けてほしいという周囲の思いがあったのでしょう。

――教育方針をお聞かせください。

【大澤先生】大きな教育目標としては、まず「明澄な知性」です。ただ知識を得るのではなく、教養を含む知性を磨くことを第一にあげています。次に、「創造への努力」です。従来あるものをただ継承するのではなく、そこに手を加えて新しいものをつくり出していきます。そして、「自他の敬愛と自立の精神」です。これはもともと能力の高い生徒たちの集団に備わっているものですが、本校でも行事はほとんど生徒たちが考えて運営しています。自立の精神が高く、教員が少しアドバイスをすれば、うまく成し遂げていきます。その力をもっともっと社会に生かせるような、そして、自分だけが生きているのではなく、ほかの人とのかかわりも考えられるような人間を育成していきたいと考えています。本校は「知性」「創造」「自主」を大きな教育目標としています。

――御校では、制服の採用を決められましたね。

【大澤先生】制服化によって本校が大きく変わったといってよいかもしれません。本校へ見学に来たときに、あの制服がいいなと思い、それが入学の動機になっている生徒も多いのではないでしょうか。

制服を導入する以前も、生徒たちは大変よい子たちばかりでした。そこに制服を導入することで、生徒たちに「お互いが仲間だ」という、さらなる連帯感も生まれましたし、結果的に本校のイメージアップにもつながっています。

――御校は「進学重視型単位制高校」ですね。その内容をご説明ください。

【大澤先生】もともと単位制とは「多様な選択科目のなかから、自己の将来の進路に必要な科目を選択し、主体的に学習に取り組むことができる」もので、単位制高校のなかでもとくに名門校、進学校を進学重視型としました。当時の本校は、「自分で時間割をつくって自由に授業を受けられる」「他校より多くの科目の授業を受けられる」ということを重要視した教育課程を組んでいました。

その後の調査で、進学型の学校を生徒が志望する場合には、「大学入試に対応した授業が受けられること」「習熟度別や少人数授業がほかの学校より多いこと」などが重要なポイントであることがわかりました。

そのため、本校では少人数授業や習熟度別授業をいくらでもできるように、また、大学の入試に対応した授業を受けられることをポイントにあげてカリキュラムをつくり変えました。

――それを実践するために、御校は施設や設備が整っていますね。

【大澤先生】本校の第一校舎は5階建てで1〜2年次生しか入っておらず、4階はすべて空いています。新築の第二校舎は3階建てで、3階がプール、2階に3年次生が入っており、1階には多目的な部屋も含めて講義室が4室あります。第一校舎にも8つの講義室があり、数多くの展開授業が可能です。冷暖房完備も本校の大きな特徴です。都立高校のなかでも先がけて設置されています。

また、本校の特徴は寮をふたつ持っていることでしょう。軽井沢に「七生寮」、房総館山に「楽水寮」があります。1年次生の移動教室などに利用しています。

——カリキュラムはどのようになっていますか。

【大澤先生】1年次生はすべて必修で、2年次生で理系と文系に分かれます。選択科目が2単位設定されています。3年次生では現代文2単位、体育2単位、リーディング3単位、ライティング3単位、総合学習1単位、LHR1単位のほかは選択科目になっています。選択科目は「基礎系科目群」「演習系科目群」「発展系科目群」に分かれています。

——どの教科が習熟度別授業になっていますか。

【大澤先生】英・数・国すべてです。とくに数学などは生徒の理解の深度に開きが大きいうえに、2年次生から文系・理系に分かれますので、ただ単に半分に分けても意味がありません。2クラスを3つに分け、ひとクラスあたり26人ぐらいになりますので、教えやすい人数になります。単位制のメリットである少人数の習熟度別授業をできるだけ生かしているのが本校の特徴でもあります。いまのところは、一番上を1クラス、それ以外を2クラスに分けるという方法をとっています。がんばった生徒を上のクラスにあげたりもしていますが、最初のクラス分けでだいたい最後まで進みます。

「特進クラス」が設置されている

――御校の改革として「特進クラス」がありますね。

【大澤先生】「特進クラス」として募集しているのは、意欲のある生徒に入学してほしいからです。勉強はもちろんですが、部活動も行事も一生懸命前向きに取り組み、学校のなかでリーダーシップを発揮できるような力をつけたい、という意欲のある生徒を受け入れるというのが基本です。

これは、原則的に希望制になっています。入学前に入学者全員に通知し、提出日に希望する、希望しないなどの意志表示をしてもらいます。2クラス80名ですので、それ以上の希望者があった場合は、成績などで選別します。初年度の1年次生（現在の新2年次生）は希望者が120名で、新1年生は150名でした。希望制ですから、意欲のある生徒は「特進クラス」に入りました。本当にやる気があり、文系でも国立大を受験するのに数学が必要だというのであれば、下のクラスで基礎を学んで、3年次生になってから上で勉強するということでもいい。習熟度別授業でも、下のクラスにいたからだめだということではないのです。最終的にはひとりで勉強できる力だけはつけてほしいと思っています。

——御校では、年間2期制・50分授業を採用していますね。

【大澤先生】 その理由は、まず、授業時数を確保するためです。もうひとつは、学期ごとに評価をしますので、3期あると先生がたは3回評価に携わらなければなりません。それだけ先生がたの仕事も大変になりますが、2期制ですとそれが2回ですみ、手間が減ったぶんだけ授業に傾注することができるということからです。

私が来た当初は、定時制との兼ねあいなどもあって、始業式のあとにもすぐ授業をすることがありました。また、前期・後期の修了式は行いますが、たとえば夏休みに入る前などは、集会を開いたあと、授業に移ります。修了式のようなことは行いますが、実際には式ではありませんので、そのあとで授業ができるのです。

「特進クラス」も設置されている

本校では試験を5回実施します。あまり間隔が開くと試験範囲が広くなり過ぎて覚えづらいこともありますので、効率よく試験が行えるよう配慮しています。

――土曜日授業については、継続して実施していくのですか。

【大澤先生】 2007（平成19）年度に教育再生会議において、完全週5日制を基本として、学校の裁量で必要に応じて土曜日に授業（週2日程度）を行えるという提言が出ました。

これを受けて都教委もこれからの実施について検討しています。学校によっては土曜日に授業を行わずに

7時間目を設定するなどの工夫をしているところもあります。

本校は、2年前から土曜日の授業を実施して、週に6日間勉強が継続できることや、放課後の部活動が活性化してきたことなど、メリットが多くあります。

しかし、45分7時間授業でやっていたときと単位数を変えないで行っているので、単位を増やしているわけではありません。

生徒のなかには多少の負担感を持つ人もいるかもしれませんが、進学校ですのでがんばってほしいと思います。

――御校はシラバスを使って年間の教育体制を強化しているそうですね。

【大澤先生】 いままでは教科ごとに各教科内の話だけで進んでいましたが、学習の検討委員会で英・数・国を中心に各教科の教員を集め、学校としての方向性、各教科が打ち出した最低限のレベルをまとめ、たとえば次年度生にどこまで教えていくのかの指針にしています。いまの生徒に合わせるだけではなく、もっと上をめざすためにシラバスをつくりました。

――進路指導に関して、御校の特徴をお話しください。

【大澤先生】 1年次生のＬＨＲの時間や2年次生・3年次生の総合的な学習の時間にキャリア

生徒たちが勉学に集中しやすい環境づくりにも注力

ガイダンスを実施しています。自分の進路について意識を高め、希望進路を実現するための学習をします。そこで職業観も含めて基礎的なこと、たとえば将来なにになりたいか、もうひとつ上をめざすならどのような大学があるかなどを話しています。また、発表会では自分はなにになりたいと宣言し、それについて自分で調べ、各先生がアドバイスをしていきます。そのため、志望校を決めるとき、なにもわからない生徒に進路を押しつけるようなことはありません。文系・理系の選択、3年次生での選択も含め、最初の段階で自分がなにをしたいのか、どういう方向をめざすのかなどを、「総合的な学習の時間」を使って進路指導しています。

税理士、会社経営者、看護師、絵本の挿し絵画家など、いろいろな分野で活躍しているかたに、自分の仕事について話していただいています。それから6月に各大学の教授に来ていただき、商学部と法学部のちがい、経済学部と経営学部のちがいなども指導してもらいます。そういうことで生徒に進路についての正しい考え方を学ばせています。

3教科に絞った指導を展開

――御校は国公立大志向というより、早大、慶應大、上智大、MARCHなどへの進学率が高いようですね。

【大澤先生】 そのとおりです。いまの流れでは、日東駒専志望をMARCHに引きあげています。また、本校のような進学校でも浪人をしたくないという傾向があり、できるだけ現役での合格を目標にするということにしましたので、2006（平成18）年3月の卒業生は現役合格が突然50名ぐらい多くなり、2007（平成19）年も同様の数値になっています。浪人してもっと上に行った方がよい場合もありますが、現役合格もひとつの立派な目標です。

体育祭の応援合戦には長い伝統がある

――体育祭での伝統ある応援も含めて学校行事のさかんなところをご紹介ください。

【大澤先生】 自主的にいろいろなことができる校風です。だいたいの内容は最初に決めてありますが、生徒たちはそれなりに工夫しています。たとえば、体育祭では応援合戦に特化して競技は二の次という学校もありますが、本校の生徒は基本的に競技を大事にしていますので、種目で1位になったことを大変喜びます。また、応援合戦には長い伝統があり、その踊りを継承していかなければなりませんので、4月から5月最初の体育祭まで何回も練習を重ねていき

1年次生全クラスが演劇を行うなどの伝統がある七高祭

ます。

また、9月の七高祭（文化祭）については、1年次生全8クラスがそれぞれ演劇をする伝統があり、移動教室などで配役を決めたり劇の内容を検討したりします。2年次生は自由にできますが、飲食の模擬店が制限されています。

――自校作成問題についてご説明ください。

【大澤先生】 倍率があがらず、自校作成問題を課しているのに、一般入試でほとんど全員が合格してしまったという時期もありました。どんなによい問題をつくっても、能力判定に関係がなくなってしまったのです。

しかし、最近のように1・58倍になれば、問題をきちんと理解できないと本校の授業についてこられないという証しになります。クリアした生徒だけが入学できるという本来の意味が生きてきました。平均点を55～60点ぐらいにするように指示しています。

問題を作成するにあたっては、このくらいのことができれば、本校で学んで将来こういう大学に行ける、という生徒が入学してくれることを念頭においています。

——どのような生徒さんに受検してほしいですか。

【大澤先生】「自分が出た高校を誇りに思う」という生徒にまず集まってもらいたいですね。また、「本校でなにかをつかみたい」という意欲を持つ生徒に来てもらいたいです。本校では、3年間、みなさんがその意欲を持続できるだけの指導を行い、みなさんの成長を見届けたいと思っています。

インタビューを終えて

「第2部　校長先生に聞く」は、高校受験ガイドブック『サクセス15』に掲載されたものです。初出は次のようになっています。

西高等学校（2006年8月号）
立川高等学校（2006年8月号）
青山高等学校（2006年10月号）
戸山高等学校（2006年10月号）
日比谷高等学校（2006年12月号）
八王子東高等学校（2006年12月号）
国立《くにたち》高等学校（2007年2月号）
国分寺高等学校（2007年5月号）
墨田川高等学校（2007年6月号）
新宿高等学校（2007年7月号）

『都立の逆襲』単行本化にあたり、それぞれの内容に加筆訂正されています。

第2部では、アイウエオ順に掲載しています。また、西高等学校と青山高等学校は、取材時と校長先生が替わられましたので、改めて2007年6月に新しい校長先生にインタビューをさせていただきました。

国分寺高等学校、墨田川高等学校、新宿高等学校は、進学指導特別推進校（国分寺・新宿）、進学指導推進校（墨田川）にも指定されましたが、本書では「進学重視型単位制高校」としての現在をインタビューさせていただきました。

なお、都立高校の入試は「適性検査」とされていますので、「受検」という表記を使用しています。

西高等学校の柿添賢之前校長先生へのインタビューでは、西高の先生がたがいかに魅力ある授業づくりをしているかを話していただいたことが印象に残りました。

「1時間の授業のなかで、教師自身の教養や学識がどれだけ出せるか。そこに生徒が触発されます。教科書はあくまでもベースですから、それだけでは生徒はついてきません。

本校の先生がたは、教材研究に多くの時間を費やし、授業をそれぞれに工夫して、生徒たちと毎時間、真剣に向き合っています」

「生徒にはわからないことをそのままにしないように指導していますから、授業後に生徒たちの質問攻めにあい、次の教室へそのまま急いで向かう姿も見られます。また、昼休みや放課後には、質問をするために多くの生徒が職員室を訪れますが、ていねいに面倒を見ています」

と語られました。静かな口調ながら、先生がたへの、生徒たちへの、そして学校への思いが深く伝わってきました。

青山高等学校の近藤京志前校長先生は、民間出身の校長先生でした。お話もストレートに学校改革の実情を説明してくださいました。

「先生の異動が激しいと、よい先生のお手本も移動してしまいます。先生がノウハウをみんな持っていってしまうと、学校にはなにも残らない。それではまずいと考え、先生が替わってもマニュアルを残すことにしました。それが『教職員のハンドブック』であり、また、改訂版『校内規定』というものもつくりました。民間企業だったらかならず業務引き継ぎをやりますね。教員はそういうことをやらず、おもに口頭での引き継ぎで終わります。それでは困るので、本校に来た先生みんなに『教職員のハンドブック』『校内規定』を渡しています」

そして、「学校経営計画」を作成するについては、

「一番疑問に思っているのは先生がたですね。まず組織という言葉が学校にはなじまない。

学校経営とは私立の学校であれば、すぐ理解できるでしょう。お客さんである生徒が入ってこなければ、学校は潰れてしまいますから。公立学校の場合は潰れることがありません。組織を運営したり、動かしていくにはポリシーがなければできません。それが方針であり、計画なのです。いままでの都立高校は、お上がつくった目標があって、都教委から言われたことを校長が着々とやっていれば目的を達していました。しかし、いまはちがいます。一番大事なのは、生徒のニーズにどうやって応えるかです。青山高校を選ぶときに、他校と比較しますね。そのときに、この学校はなにを考え、どういう方向に向かっているのかを知りたいはずです。そういうニーズに応えられるものを打ち出さなければなりません」

情熱的に語られる話の内容が、私のなかにスーッと入っていきました。とても分かりやすかったのですが、それだからこそ、なんでいままで近藤先生がおっしゃるようなことができてこなかったのだろうかという不思議さも味わいました。

都立高校10校を訪ねて、まず驚いたのが校舎です。みな立派な建物でした。近代設備も整っていて、生徒たちは存分に学習へと励むことができるでしょう。各高校の校長先生たちは、それぞれに新しい学校づくりへと情熱を持って向かわれておられました。それは、このインタビューでみなさんに伝わったことと思います。

実際に都立高校へ伺っても、私が都立高校を受検したころとは、大きく時代が変わっているなあという感想を持ちましたが、学校を選ぶにあたっては、都立も私学もあっていいのだと思います。

私は取材で私学の高校も訪ねていますが、私学には「建学の精神」や「建学の理念」に基づいたそれぞれ特徴のある教育が実践されています。私学では多様なコース制により、早くから大学進学へ向けての取り組みがなされています。それは、中学から進路進学指導を行う中高一貫教育のなかで顕著です。２００7年度は、中学受験生が5万人を超し、中学受験がフィーバーしました。この傾向は当分の間続くことでしょう。中高一貫教育による進学実績の向上が、その要因の一つであることはまちがいないでしょう。本書では、都の中高一貫教育としてつくられる10校の「都立中高一貫校」については詳しく取り上げることができませんでしたが、それは、次なる課題にしたいと思います。

今回の取材では、都立（公立）にも各校長先生のリーダーシップによって、ユニークな進路進学指導ができるという印象を強く受けました。

自分に合った学校選びができる。それには、都立高校がますます魅力的な学校に進化していくことが前提である、と思わずにはいられません。

［解説］　真の『都立の逆襲』が始まるとき

小田原　榮

この夏、福岡県私学の教職経験十年教員研修に参加した。その直前に、群馬県立の「高高《たかたか》（高崎高校）の挑戦」の話を伺ったばかりで、公立の学校が少数の教員の実践から改革が進められていったということだった。京都の堀川高校もそうであったというが、数年前の福岡城南高校の「ドリカムプラン」の話を思い出させる話で、福岡を近しく感じていたところに福岡県私学協会の研修担当の校長先生に誘われた。福岡の私学全体として情報を共有し、本質的な教育の中身を改革して私立全体のレベルアップを図ろうという姿勢がうれしく、東京、あるいは、大阪などの一部を除いては、私学の高校は公立の受け皿と聞くが、それぞれの高校の内部努力によって、公私の差は、学校間の差として少しずつ確実に縮まっていくだろうという予感を持った。

長年にわたる都立高校の凋落、低迷のあと、ここ数年、進化を遂げる都立高校があると言われる背景があったかもしれない。公立の「挑戦」といい、「復権」と言うにしても「逆襲」とはいかにも刺激的ではあるが、予感は本書のような形で現実として現れもする。

＊　＊　＊

制度について行政に携わる者は「現時点での最善の制度」と言う。そして、「制度は制定されたその時点から見直しが求められる」とも付け加える。私はこれには痛く納得する。また、「したいと思うことに制約があって出来なければ、法律を変えればいい」と言った都の教育委員の言葉にも納得したものだ。東京都の教育改革は、こうした認識を根底に推進されたと言っていい。『都立の逆襲』あるいは「都立の復権」とは、結果に対する評価というものであろう。実務者たちはそんな大それた思いは微塵もなく、公教育としての都立高校を都民の多様なニーズに応えられるものにしようという、至極当たり前のことを根本とする。そしてそれは、教職員の資質能力を高め、組織的に対応でき、校長がリーダーシップを発揮する学校ということに収斂《しゅうれん》されていく。

＊　＊　＊

本書の冒頭で、都立高校の「改革」は10年ほど前に始まったと述べているが、それは1997（平成9）年9月第一次「都立高校改革推進計画」の策定を根拠とする。指摘されるように生徒数の減少、入学後の実態、卒業後の進路等を踏まえ、発展的統廃合を前提とした学校の改編や学校の特色化推進、進路指導の予算化など、都立学校の長期的改革計画であった。この計画の発端は1995（平成7）年『都立高校白書』にあると言われるが、すでに前年から「教育職員の成績特別昇給の適正化」や「教員のいわゆる『週一研修』の是正・廃止」への取り組みなどは始まっており、東京都の教育改革のプログラムは公表こそされないものの、スタートを切っていたと言ってよい。たとえば、1994（平成6）年の「配慮を要する教員の指定限定」は、のちの「指導力不足教員等の指定」、1996（平成8）年の「教育管理職の自己申告・業績評定の導入」は、「教育職員人事考課制度の制定」の布石であった。

その流れは、1997（平成9）年末に発覚した「新宿高校事件」と流布される事件に端を発する都教委内部による「都立高校あり方検討委員会」の提言となってトータルな内容として明確化され、「習熟度別授業加配教員・講師時数の不適正是正」「管理運営規則の改正」「学校運営連絡協議会の設置」「教育職員表彰制度の拡充」などと加速されていった。「都立高校改革推進計画」は1999（平成11）年「第二次実施計画」として、2002（平成14）年「新たな実施計画」として提示されるが、制度改革の面では、全国的に形骸化していた「勤務評定の規則」を廃止して双方向性による人材育成を謳う新たな「人事考課制度の策定」や、有名無実化していた「主任制度」に替わる権限を委譲された「主幹制度の導入」などが続く。人事考課制度検討に当たっては、当時の都高教組の委員長から「新宿の都庁を揺るがす大反対闘争を組む」と宣言されたことも遠い過去のこととなった。

これらに「民間人校長の登用」「学区制の撤廃」「学校バランスシートの作成」「東京教師養成塾・東京未来塾の設置」が並び、最近の「学校経営診断の実施」「学校支援センターの設置」と続くと「怒濤のような波」と言われ、本書のように『都立の逆襲』と命名される所以もむべなるかなとなろう。ただ、これらは個別単体の制度や施策のように見えるけれども、人事考課制度制定時に「これが都教委の制度改革の集大成である」と言い、「都立教育研究所を廃止」して「教職員研修センターを発足」させたときも、「主幹制度」を敷いたときも、同じ言葉を同じように繰り返したのは、それぞれは個別単体ではなく連動した制度であって、その先端において集大成であったということを示す。前述した「教職員の資質を向上させ、学校が組織的に運営され、校長がリーダーシップを発揮する」学校とすることが都教委当事者たちの目標だったのだ。

＊　＊　＊

こうして辿ると改革とは連続したもので、いつまで経っても終わらないように見えるが、漢字の「改」とは、もともと緩んだものを引き締める意であり、「革」とは、皺になったものをピンと張る意だという。いずれも訓読みでは「あらためる」と読むが、「改革」・「あたらしくする」ということは、もともとピンと張っていたのに緩んでしまったから緊張した関係を取り戻そうという作用ということになり、東京都の制度改革の多くはまさにそれに当てはまりそうに見える。

けれども、校名を変え、新しく生まれ変わった学校の開校式に伺うと、前身の学校に配慮もあってか「継続」という言葉はあるが、それまでとは異なる大きく新たな第一歩が踏み出されているとはっきり見て取れる。最近の流行の言葉だと「イノベーションの創造」が適する。名前も同じままの進学指導重点校はどうかというと、本書では「家の形はそのままにして、内部をリフォームした」ものだと言う。本書は後半にかけてこの進学指導重点校にスポットを当て校長との直接インタビューで終わるが、これらの学校が「改革」に該当するかどうかは読者に任せられる。

都教委が進学のみを重視したと思われないために付け加えると、チャレンジスクールは新宿山吹高校が出発点にある。また、フレッジスクールとは別に先行して、名前を変えないままにエンカレッジスクールと呼ぶ学校も足立東と秋留台の2校がある。これらの学校については、特筆すべきことと考えるが、別の機会を待ちたいと思う。

校長のインタビューは学校の特徴と校長の姿勢を上手に引き出している。忘れてならないのは、ここに登場する校長のすべてが今ある姿にした訳ではない。前任者、あるいは前々校長の様々な面での苦労や努力があったということである。校長として赴任してみたら何もされていないという嘆きもしばしば聞くが、少なくとも第2部登場の10校は当てはまらない。

＊　＊　＊

そこで思い起こすのは、先に述べた都教委の制度改革の多くは、昭和の終わりのころの都公立高等学校長協会が基本問題検討委員会なる組織を作って3回に亘って、出された報告書に示されていることでもある。それほどのものがなぜ抛《ほう》って置かれたか、言及する紙面は残念ながらない。言えることは、進学指導の重点校を指定する頃から、「制度改革は終わった。今後はそれぞれの学校における自律的改革だ」と言われたことだ。自助努力と言っててもいいが、学校組織の一員である教職員による内部努力が必要なのだ。「高高《たかたか》の挑戦」も「ドリカムプラン」もそうだった。私学・公立を問わず学校改革の成否はここにある。

インタビューでは、都教委とその意を戴《たい》した校長が牽引してきたかに見えるが、この視点、認識を都立高校の教職員が意識して実践に移ったときにこそ、真の『都立の逆襲』

が始まるのではないか。そして、公私相互の競合によって、東京の教育は一層充実する。そのときにまた、本書の続編が編まれることを大いに期待してやまない。

（元東京都教育庁理事兼東京都教職員研修センター所長、八王子市教育委員会教育委員長、内閣府規制改革会議委員）

あとがき

『都立の逆襲』というタイトルを見て、みなさんはどのように思われたでしょうか。ほんとうに「逆襲」なのか、と思われたかもしれません。私の「都立高校」への想いからインパクトのあるタイトルにしたのですが。それだけ一般的な学校教育のなかで、「都立」が陰に隠れていたように感じたからです。

第1部では、安田教育研究所のご協力を得ました。データによる比較検討など、細かなご指導とご教示があってこそ、説得力のある改革への実態が浮き彫りにできたと思います。

第2部の取材基礎調査では、森上教育研究所のアドバイスをいただきました。インタビューにおきまして、各都立高校の校長先生には、ご多忙中にもかかわらず取材に応じてくださり感謝申し上げます。

本書は、秋川高校の同期生である山本浩二氏（グローバル教育出版代表取締役社長）によるご支援で上梓することができました。サクセス編集室編集チーフの前川卓也氏には、取材や編集で大変お世話になりました。
解説を書いていただいた小田原榮先生は、私が秋川高校1年生のときに担任の先生でした。私が入学したばかりでホームシックにかかり、小田原先生にはとてもご迷惑をかけたうえ、また本書でもご寄稿の労をとっていただき、なんとお礼を申し上げていいか。ありがとうございました。２００7年が入学40年になることを小田原先生に教えていただき、40年の歳月に想いを馳せています。
旧全寮制　東京都立秋川高等学校のメインストリートにはメタセコイアの並木道がありました。私が在籍当時は、背丈の倍ほどで、幹は細くてひょろひょろしていました。いま、鬱蒼と聳え立つメタセコイアの並木道に立って、わが母校を考えます。母校はなくなっても、都立高校は蘇りつつあります。本書は、私にとって、母校なき後の都立高校に対するオマージュと思っています。
２００7年　初秋
鵜飼　清

鵜飼　清（うかい・きよし）

1951年、東京生まれ。早稲田大学社会科学部卒。

「民学の会」事務局長。

著書『山崎豊子問題小説の研究―社会派「国民作家」の作られ方―』（社会評論社）『酔虎伝説―タイガース・アプレゲール―』（社会評論社）『土方歳三の遺言状』（新人物往来社）など。

共著に『プレゼンテーションの技術』（日本実業出版社）『良寛のすべて』『新選組研究最前線』（新人物往来社）など。

高校受験ガイドブック『サクセス15』誌上などで、学校長インタビューなどを行う。

教育問題や学校改革に関する考察をライフワークのひとつに加えている。

都立の逆襲
――進化を遂げる東京都立高校
発　行　二〇〇七年十月三十日　初版第一刷発行
著　者　鵜飼　清
発行者　松田　健二
発行所　株式会社社会評論社
〒一一三―〇〇三三
東京都文京区本郷二―三―一〇
電話　〇三―三八一四―三八六一
FAX〇三―三八一八―二八〇八
http://www.shahyo.com
編　集　サクセス編集室
表紙デザイン　児玉清彦デザイン事務所
印刷所　株式会社技秀堂